U0577164

校园辅导员工作丛书

中学心理辅导教师工作指南

本书编写组◎编

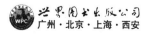

世界图书出版公司

广州·北京·上海·西安

图书在版编目（CIP）数据

中学心理辅导教师工作指南／《中学心理辅导教师工作指南》编写组编．—广州：世界图书出版广东有限公司，2011.3（2024.2 重印）

ISBN 978－7－5100－3351－3

Ⅰ．①中… Ⅱ．①中… Ⅲ．①中学－教育心理学Ⅳ．①G44

中国版本图书馆 CIP 数据核字（2011）第 036090 号

书　　名	中学心理辅导教师工作指南 ZHONGXUE XINLI FUDAO JIAOSHI GONGZUO ZHINAN
编　　者	《中学心理辅导教师工作指南》编写组
责任编辑	王　红
装帧设计	三棵树设计工作组
出版发行	世界图书出版有限公司　世界图书出版广东有限公司
地　　址	广州市海珠区新港西路大江冲 25 号
邮　　编	510300
电　　话	020-84452179
网　　址	http://www.gdst.com.cn
邮　　箱	wpc_gdst@163.com
经　　销	新华书店
印　　刷	唐山富达印务有限公司
开　　本	787mm×1092mm　1/16
印　　张	12
字　　数	160 千字
版　　次	2011 年 3 月第 1 版　2024 年 2 月第 4 次印刷
国际书号	ISBN　978-7-5100-3351-3
定　　价	59.80 元

"校园辅导员工作" 丛书编委会

主　编

王利群　解放军装甲兵工程学院心理学教授
周作宇　北京师范大学教授、教育学部部长

编　委

马世晔　中华人民共和国教育部考试中心
殷小川　首都体育学院心理教研室教授
肖海雁　山西大同大学心理系主任，教授
李功毅　《中国教育报》副总编
王增昌　《中国教育报》高级编辑
张彦杰　北京市教育考试院
魏　红　北京师范大学教务处
刘永明　北京师范大学继续教育与教师培训学院 副研究员
刘艳茹　北京市顺义区教育研究考试中心，中学高级教师
刘维良　北京教育学院教育学教授
杨树山　中国教师研修网执行总编
张兴成　西南大学（原西南师范大学）副教授
南秀全　湖北黄冈特级教师
方　圆　北京光辉书苑教育研究中心研究员

序　言

学生就像一颗小树苗，他的成长需要有人去全面周到地悉心照料。只有这样，才能挺拔健壮地向上生长。一个孩子如果在成长期间不加以扶植培养，就避免不了的会迷失方向、扭曲变形。所以，对学生，尤其是世界观、价值观并没有完全良好建立的青少年来说，是万万不能离开教师的辅导工作的。

辅导工作是教师针对学生出现的学习和生活中的问题所开展的干预和矫正工作。一个学生如果只有优异的成绩，但是思想、认知、生活能力和社会能力很差的话，他也不可能在这个社会上立足，至少不能称其为完善的人。现在的社会需要全面发展的人，我们教育的目的，也是要教育出高素质、高能力的人，所以，辅导员的角色尤其重要。

校园辅导员的工作主要分为心理辅导和学习辅导两大类。

心理辅导是指辅导员与受辅导学生之间建立一种具有咨询功能的融洽关系，以帮助学生正确认识自己，接纳自己，进而欣赏自己，并克服成长中的障碍，改变自己的不良意识和倾向，充分发挥个人潜能，迈向自我现实的过程。过去，心理辅导的工作一般由班主任来实行，现在由于教育改革的不断深入和教育思想的不断提升，许多学校还配置了专门的心理辅导室和专职的心理辅导教师。心理辅导工作逐步迈向科学化、系统化。

学习辅导是教师对学生学习方面实施的辅导，包括学习态度、学习能力和学习方法等内容。学习是学生平时在学校最主要的活动，同样是学校的重点任务。我们看到，学习辅导从过去的传授知识到现在的能力培养，有了一个很大的提升。所谓授之以鱼不如授之以渔，学生通过学习辅导，得到的是能力上的收获。同样，这个转变也是对教师的一个很大的考验。

为了帮助广大辅导员提高，我们特组织编写了"校园辅导员工作"系列丛书，旨在为辅导员提供一些理论知识，并解决他们在工作中遇到的问题，更好的开展辅导工作。本丛书包括：《小学心理辅导教师工作指南》《中学心理辅导教师工作指南》《如何进行中小学团体心理辅导》《教师如何帮助孩子走出厌学的误区》《教师如何帮助学生预防和矫治学习困难》《教师如何帮助孩子爱上学习》。其中前三本是心理辅导的内容，系统讲解中小学心理辅导，并将现在很热门的团体心理辅导单列成册，希望能对各位辅导员有所帮助。后三本是学习辅导的内容，主要就学生遇到的主要学习障碍与学习问题，进行讲解，使得辅导员的辅导工作能够更加有的放矢。

本丛书的特色主要是将理论与案例很好地结合在一起，使得知识理解起来没有那么枯燥，在内容上又能完全符合新课程改革的需要。本套丛书可以作为广大辅导员进行集中培训的教材，也可作为各位老师自行阅读的读物。

由于辅导工作仍处于不断发展中，再加上我们的视角有限，不可能全面概括和解决所有问题。所以在编写的过程中难免出现错误，我们希望广大教师、专家、学者在阅读中发现问题，及时告诉我们，我们将努力改正，不胜感谢。

前　　言

过去，学生心理辅导的工作一般都是由班主任担任，这是出于班主任是平时和学生们接触最多的人的考虑，心理辅导操作起来比较有针对性和可操作性。但是，随着时代的发展，这一情况发生了转变，主要原因有以下几个方面：

一、面对日益复杂且发展着的学生问题，班主任的专业性不够。许多班主任并没有学习过心理学，只是凭着以往的经验来处理一些学生问题，因为不够专业，出现处理不当的情况是难免的。例如有的学生是严重的抑郁症，这时就需要送到专门的心理治疗机构去治疗，班主任若是自行判断，往往会延误病情。

二、随着课业负担的加重，班主任的精力有限。班主任的主要工作是教授学生知识，其次是管理班级，而心理辅导只能排在后面的位置。所以，课业负担加重之后，势必也会影响到班主任对学生的心理辅导，不仅时间减少，其专心程度也会降低。

三、学校的分工更加合理，内部设置更加完备。中国的学校教育一直处于探索中，这种探索同时意味着向先进的外国学习，引入外国学校的心理辅导知识，并结合我国学校的自身需要，将学校设置的更加合理，更加完备，功能性增强。教育的眼光不只是放在学生的学习上，更放在学生的成长发展上。

基于这些原因，担任学生心理辅导角色的专职教师便应运而生了。现在，心理辅导日益在学校教育中受到重视，许多学校建立了相关的机构，安排了专职的心理辅导教师，以配合其他教育为目的，系统开展本校的心理辅导工作。

无论是专职的心理辅导教师，还是由班主任同时兼任心理辅导教师的角色，他们都迫切需要有如何做好学生心理辅导工作的指导书作为参考，出于这种考虑，我们编写了这本《中学心理辅导教师工作指南》，针对中学心理辅导教师的需求，全面地介绍了心理辅导方面的知识，并重点针对中学生的特点给出了一些心理辅导的建议和方法，希望能够对中学心理辅导教师有所帮助。

本书的内容安排如下：第一章介绍心理辅导的基本概念、历史发展过程，对心理辅导进行了总括性的说明。第二章中阐述了中学生的心理特点，方便心理辅导教师对中学生的心理有一个清晰的了解。第三章到第五章介绍了心理辅导的内容、具体的辅导方法和途径。第六章以中学生中常见的心理问题为例，给出了一些具体的辅导和矫治方法。

本书的编写，参考了许多前辈师友的资料和研究成果，在此表示诚挚的谢意。另外，由于编者水平有限，书中瑕疵在所难免，恳请专家读者批评指正，不胜感激。

Contents 目录

第一章　敲开心理辅导的大门

心理辅导，是心理辅导教师依据学生身心发展的特点，用心理学、教育学、医学等相关学科的专业知识和专门技能为学生健康心理的形成和发展提供其所需要的帮助和指导的过程。对于从事心理辅导工作的教师来说，了解心理辅导的基本概念和基础知识，是非常必要的。

第一节　心理辅导的内涵

一、辅导与心理辅导

辅导一词，有引导、辅助别人的意思。台湾学者张春兴对辅导的定义是：辅导是一个教育的历程，在辅导历程中，受过专业训练的辅导人员，运用其专业知识和技能，协助受辅者了解自己、认识世界，根据其自身条件（如能力、兴趣、经验、需求等），建立有益于个人和社会的生活目标，并使之在教育、职业及人际关系等各方面的发展上，能充分展现其性格取向，从而获得最佳的生活适应。

辅导有四个特征：其一，辅导是连续不断的历程，人的一生任何阶段均需辅导；其二，辅导是合作和民主式的协助，根据受辅者的需求而辅导，而非强迫式的指导；其三，辅导重视个别差异，旨在配合个人条件，辅其自主，导其自立；其四，辅导的目标是个人与社会兼顾，期使个体在发展中既利于己，也利于人。

心理辅导属于辅导中的一种，它是指专职或兼职的心理辅导人员，依据辅导对象身心发展的规律和特点，用心理学、教育学、医学等相关学科的专业知识和专门技能为其健康心理的形成和发展提供其所需要的帮助和指导的过程。对于中学生的心理辅导，具有如下的三个特点：

第一，中学生心理辅导以身心发育正常的中学生为对象，面向全体中学生，以全面提高其心理素质为目的、为重点，而不在于心理障碍或心理疾病的诊断和治疗。

第二，中学生心理辅导的过程，是专业人员依据中学生身心发展的规律和特点，运用心理学及相关学科的专业知识和专门技能，为中学生的心理健康提供其所需要的帮助和指导的过程。

第三，中学生心理辅导是一种新型的、平等的、建设性的合作关系。尽管在心理辅导的过程中，也要体现教育性的原则，但辅导者与辅导对象之间并非教育者与被教育者之间的关系，也不同于医生与患者之间的关系。因而在中学生心理辅导过程中，一般不提批评意见，不搞泛泛地说教，不可以不负责任地出主意，更不能把自己的观点、看法和意见强加于人，而只能通过平等的、民主的、讨论的方式帮助、鼓励、启发和引导学生面对现实，自己思考，自己去分析问题、认识问题和解决问题，任何包办代替的做法都是不可取的。

二、心理辅导和相邻概念的关系

心理辅导的概念很容易和其他概念产生混淆，例如心理咨询、心理治疗、心理健康教育等。目前，关于这几个概念尚没有统一的意见。

一般而言，心理咨询是指咨询者运用心理学专业知识与技能，通过语言、文字和其他信息传递方式，给来访者帮助、启发和教育，以维护和增进其身心健康，促进其人格完善和潜能发挥的过程。

心理治疗是指在良好的治疗关系的基础上，由经过专门训练的治疗者，运用心理学的有关理论和技术，对患者进行帮助，以消除或缓解患者的心理问题或障碍，促使其人格向健康、协调的方向发展。

对于心理健康教育，这是党和国家的文件中较多使用的术语。教育部曾颁布的《关于加强中小学心理健康教育的若干意见》中对此做出明确的定义："中小学心理健康教育是根据中小学生生理、心理发展特点，运用有关心理教育方法和手段，培养学生良好的心理素质，促进学生身心全面和谐发展和素质全面提高的教育活动；是素质教育的重要组成部分；是落实跨世纪素质教育工程，培养跨世纪高质量人才的重要环节。"

根据定义，心理咨询、心理治疗、心理健康教育与心理辅导在某些方面是相似的。例如，它们都是从心理上帮助人、教育人的过程；常采用相一致的理论方法和技术；工作范围常是相似的，一般是面对来访者的人际关系问题、发展性问题等；在强调帮助来访者成长和改变的方面是相似的，都希望通过助人者和求助者之间的互动，达到使求助者改变和成长的目的；都注重建立助人者和求助者之间的良好人际关系，认为这是帮助求助者改变和成长的条件，等等。因此，四者之间具有某种程度的一致性和渗透性。但是，它们之间还是存在一定的差别：

第一，就工作对象和工作者而言，在心理健康教育和心理辅导工作中，其工作对象是以正常学生为主；从事这种工作的人被称为辅导教师或心理教师，他们需接受涉及心理咨询内容的心理学或教育学的专业训练。

在心理咨询工作中，其工作对象被称为来访者或求助者、求询者，主要指在适应和发展方面有某些心理困扰或轻、中度心理障碍（或自称有轻、中度心理问题）的正常人；从事心理咨询工作的人被称为咨询者或咨询员、咨询心理学家，他们需接受心理学专业训练。

在心理治疗工作中，其工作对象被称为患者或病人，主要指患有较严重的心理障碍（或称心理疾病、重度心理问题等）的人；从事心理治疗工作的人被称为临床心理学家（主要接受心理学专业训练）和精神病医生（主要接受医学专业训练）。

第二，就功能而言，心理健康教育与辅导重在突出工作的主动性、超前性，亦即重在发展与预防方面。心理咨询与治疗工作相对来说具有被动性与滞后性：心理咨询重在预防与矫治，而心理治疗重在矫治与重建。心理辅导与心理健康教育不仅包括心理咨询的目标，并且与学校教育的目标是一致的。

心理辅导目标的着眼点是帮助学生了解自己，制订计划，做出抉择，担负起个人与社会的责任，开发自己的潜能，过健康的、有意义的、自我满意的生活。心理健康教育目标的着眼点是教育者主动地、超前地根据学生身心发展的特点，有目的、有计划地对学生的认知、情感、意志、个性等心理品质进行培养并使其最优化，使学生的心理潜能得以开发，并使其个性发展与德、智、体、美诸方面发展实现和谐的统一。

第三，就内容而言，心理辅导在注重资料的提供与获得、认知与环境因素改善的同时，也重视学生的需要、情感活动；心理健康教育主要在认知和行动上做文章；心理咨询与治疗则侧重于当事人的情感活动以及人格的重建与发展。心理治疗关注的是具体心理疾病的诊断与矫治，亦即症状问题；心理咨询关注的是在一定社会背景下人的适应与发展问题。

第四，就工作方式和方法而言，心理辅导兼用团体辅导与个别辅导两种形式，其在使用个别辅导时，就要恰当地运用关注、接纳、倾听、同感、澄清、面质、自我暴露、总结等技术；在采用团体辅导时，多采用讲授、训练、陶冶等方法，亦即方法中有更多结构化的、预先设定的成分。

心理健康教育多在非医疗情景——学校及有关教育机构中进行。心理咨询多在非医疗情景（如学校、社区中的心理咨询机构等）中进行，它以个别——小组咨询为主，多采取支持、领悟、再教育等方法。心理治疗多在医疗情景（如医院）中进行，它以个别治疗为主，多采用矫正、领悟、训练、重建等方法。

第五，就时间而言，心理辅导伴随整个教育过程；心理健康教育是在学生出现问题前进行预防性培养，为时较长，甚至是终生性的；心理咨询是来访者有问题后所进行的求助，既可以终生进行，也可以定时进行，为时较短，从一次到若干次不等；心理治疗是患者患病后寻求医治，因而是定时的，为时较长，从几次到几十次不等，有的甚至经年累月才能完成。

第六，就解决问题的深度而言，心理健康教育和心理辅导只是处理一般情境中的问题即表层性（意识层）问题；心理咨询介于二者之间，既解决通往深层的中间层面问题，同时也关涉表层与深层问题。

第七，就当事人自我表露程度而言，在心理辅导、咨询和治疗中，常常需要营造一种宽松的情境，使当事人有更多心理表露的机会；而在一般心理健康教育活动中，并不强调学生做充分的自我表露。

第八，就工作模式而言，心理治疗的工作模式是医学模式，心理医生常通过心理分析等方法深入到患者的潜意识领域，帮助患者处理潜意识中存在的冲动和焦虑，使其解除症状，改变病态行为，重建人格。在此种医学模式中，心理医生处于中心地位，享有绝对权威；而患者处于从属地位，只能被动地服从医生。

心理咨询的工作模式主要是教育模式，它主要是在意识层面工作，突出工作的教育性、支持性和指导性。在此种教育模式中，咨询者十分重视与来访者之间的真诚、尊重、同感和交互影响的关系，并将来访者置于咨询过程的中心地位，双方关系是平等的、民主协商式的。

心理健康教育与心理辅导工作模式只能是教育模式，突出工作的教育性、发展性、主体性、活动性、协同性和成功性等。在心理辅导中，辅导教师与学生是一种合作式、民主式的关系，辅导教师只是协助学生解决问题，而不是代替学生解决问题。换言之，心理健康教育更多的是试图从外在的约束中控制学生的行为，使其符合规范；而心理辅导更希望学生能从内在的自我约束中做到自控自制，从而发展个人的合理行为。

第九，就工作任务而言，心理健康教育和辅导关注学生的整体发展，心理治疗是解决个体某一局部问题，而心理咨询则整合局部与整体问题。

第十，就实施方式而言，心理健康教育和辅导工作者在工作中是主动的，需要主动关心学生的心理健康状态；心理治疗医生是被动的，常常在医院门诊等待病人的主动求治；而心理咨询工作者在工作过程中既可以是主动的，也可以是被动的。

第十一，就运作模式而言，心理健康教育和辅导是教育工作中的一部分，是非营利性的；心理治疗是营利性的；心理咨询可以是非营利性的，也可以是营利性的。

总之，心理辅导与心理健康教育、心理咨询、心理治疗之间既有区别又有联系。其中，它与心理健康教育之间的联系尤为密切，因此人们有时也将"心理健康教育"直接称为"学校心理辅导"。在本书中，未对二者进行明确的区分，而是将二者作为等同的概念来进行处理。

第二节　心理辅导在西方的发展

从广泛意义上说，西方心理辅导的产生与兴起主要受益于心理卫生、心理测量和职业指导这三个领域的发展及推动。

一、心理卫生运动的推动

当代心理卫生运动是从如何正确认识和对待精神病及患者开始的。1793 年，法国著名的精神科医生皮内尔在担任巴黎比萨托尔精神病院的院长时，把医院中所禁闭、封锁的精神病患者全部解放，并给以人道主义的治疗和待遇。皮内尔的这个举动是人类历史上精神医疗观念的真正变革，具有划时代的意义。皮内尔也因此成为现代心理卫生运动最著名的倡导者。

对现代心理卫生运动的兴起做出直接贡献的先驱者当属美国人比尔斯。比尔斯生于 1876 年，18 岁就读于耶鲁大学商科，毕业后在纽约一家保险公司供职。比尔斯的哥哥患有癫痫病，他经常目睹其兄病情发作时昏倒在地、四肢抽搐、口吐泡沫的可怕情景，担心这种病会遗传，害怕自己身上也有，于是终日惶恐不安。24 岁时，比尔斯因长期过度紧张和恐惧而导致精神失常，从四楼跳下，企图自杀，但未遂，结果被送入精神病院。

在精神病院的三年痛苦经历，使比尔斯亲身体验到精神病患者的苦闷及所受到的虐待，他亲眼目睹了一系列精神病人惨遭折磨的悲惨情景，同时感到社会大众对精神病愈后人员的歧视和偏见。为此，出院后，他决心致力于改善精神病患者的待遇和防治人的心理疾病。

1907 年，他根据自己的亲身经历和体验，在著名心理学家詹姆士的帮助下，写了一本自传体的学术著作，题为《一颗自我发现的心灵》。在书中，比尔斯用生动的笔墨，历数了当时精神病院的冷酷和落后，详细记述了自己的病情、治疗和康复经过，并且向社会发出改善精神病患者待遇的强烈呼声。

此书于 1908 年 3 月出版后，立即在社会上引起强烈反响。美国著名心理学家、哈佛大学心理学教授詹姆士给予极高评价，并为此书撰写了序言。当时美国权威的精神病学家梅耶读了此书后，认为这就是心理卫生。

1909 年 2 月，在比尔斯等人的积极努力下，"美国全国心理卫生委员会"在纽约成立，比尔斯任顾问。此后，心理卫生运动不仅在美国发展迅速，而且扩展到世界各国。1930 年，"第一届国际心理卫生大会"在华盛顿召开，到会 3042 人，代表 53 个国家和地区，会上成立了一个永久性的"国际心理卫生委员会"，它的宗旨是"完全从事慈善的、科学的、文化的、教育的活动，尤其关于世界各国人民的心理健康的保持和增进，心理疾病、心理缺陷等的研究、治疗与预防，以及全体人类幸福的心理卫生运动引起了全社会对人的心理健康的重视，促使人们对儿童行为问题的关注，从而促使心理辅导活动逐渐成为社会生活和学校教育的重要组成部分。

二、心理测量运动的影响

20 世纪初，法国政府为了满足特殊儿童教育的需要，对弱智儿童进行智力鉴定和研究。心理学家比奈于 1904 年受法国公共教育部委托，进行弱智儿童鉴别测定法的研究。1905 年，他与西蒙合作，发表了由 30 个问题构成的量表，并提出了智力测验的标准。1908 年，又发表了修订后的第二量表，这个量表最重要的特点是，测验是按照能够通过的健全的、正常的儿童的不同年龄分类而制成的。

比奈的贡献在于使用心理测量解决实际问题的想法得以变成现实，因而成为现代心理测量的先驱者。此后，心理测量作为一门技术得到公认，并在第一次世界大战中用于军队，且很快影响到教育领域。心理测量使心理辅导有了更科学的手段和工具，因而心理辅导工作有了更可靠的依据和保证。

三、职业辅导运动的贡献

1894 年，美国旧金山加州工艺学校在梅瑞里的领导下，开展职业辅导工作。内容有个人分析、个别咨询、就业辅导及跟踪研究等，可以说这是早期心理辅导的萌芽。

1907 年，戴维斯任密歇根大瑞城中学校长时，推行职业与品德辅导工作，在学校开展每周一次的心理辅导课，以帮助塑造学生的个性和防止问题的发生，这对将辅导工作纳入学校教育体制影响极大。除了戴维斯之外，其他早期心理辅导先驱也积极响应社会需要，进行心理辅导活动。如大卫等就以不同方式提供心理辅导服务，帮助学生寻找职业，了解自己最适合的职业，依据个体差异进行职业选择等。

在早期的职业辅导运动中，最负盛名的代表人物是帕森斯，1908 年，他在波士顿创办了职业局，开展针对青少年的职业辅导活动。帕森斯著有《选择职业》一书，首用"职业辅导"一词。他认为，职业选择与指导必须与青少年的兴趣、能力、个性特点和客观要求相结合。只有正确认识自身素质、专长和潜在能力，同时对个人的局限和自身条件有客观评估，才能实现人与职业的合理搭配，从而作出恰当的职业选择。由此，帕森斯强调，职业辅导包括职业的方向定位、个人的分析及咨询服务等三个方面。

帕森斯的理论，对今天的职业辅导乃至心理咨询具有重要的影响意义。他所创立的波士顿职业局，成为现代心理辅导诞生的标志，其个人也被誉为"心理辅导之父"。1909 年，帕森斯所在的波士顿各中小学都派遣或任命了心理辅导服务人员，而且这一活动开始扩大到全美各地，从而使心理辅导活动在学校教育系统得到发展。

对心理辅导做出重要贡献的还有维特默和格赛尔等。1896 年，维特默在美国的宾夕法尼亚州立大学建立了全世界第一个儿童心理咨询诊所，主要对小学生学习困难进行咨询，同时指导家长如何配合学校教育，此举开创了心理学为教育实践服务的先河，此后许多大学和其他学校也纷纷开展类似的工作。1907 年，维特默还创立了第一个弱智儿童的临床心理教育学校，并于同年创办了第一本临床心理学杂志。由于维特默在这方面的贡献，他被后人誉为"美国学校心理学之父"。

另一位对心理辅导做出重大贡献的是心理学家格赛尔，1915 年，康涅狄格州聘请他在全州巡回对需要的儿童作智力测验，为特殊儿童分班教学提供依据。格赛尔的工作影响很大，后来被认为是美国第一位具有"学校心理学家"称号的人。

四、西方心理辅导的现状

现代意义上的心理辅导起源于美国，并率先在美、欧等国家中发展起来。美、欧等国家拥有世界上最先进的心理辅导设施与服务，主要表现在以下几个方面：

（一）专家队伍与政府投入

心理辅导专业队伍的建设是有效开展心理辅导的保证，而美国心理辅导专业队伍的发展非常迅速。1913 年，全美有心理辅导专业工作者115 人，1950 年有 1000 人，1970 年上升到 5000 人，20 世纪七八十年代，人数迅速突破 20000 人。目前全美学校心理学家有 22000～25000人。由于学校心理学家一词不是一个界定很严的概念，因此，实际的人数很难统计。

在全美学校心理学家中，女性占 65%，未来 20 年，可能会上升到

75%。与此同时，心理辅导工作者与学生比率总的发展趋势是逐步增加的。1934 年，这一比率为 1:60000，1950 年为 1:36000，1986 年增加到 1:2100，2000 年大约为 1:2000。

在心理辅导的专业队伍不断扩大的同时，政府投入也不断增长。1936 年，政府提供大约 250 万美元给各州作心理辅导的发展经费，1958 年通过的国防教育法案第五条第一项规定，每年提供 1500 万美元供地方学校加强心理辅导工作之用；第五条第二项还规定，每年提供近 700 万美元用于各大学培训辅导人员。1959～1969 年，联邦政府支持各州及地方发展学校心理辅导与咨询的经费约达 18700 万美元。

（二）人才培养与资格要求

心理辅导工作者的素质高低将直接影响到心理辅导工作的有效开展。西方国家都十分重视心理辅导工作者的培养及其资格水平的认定。

20 世纪七八十年代，英国出现了"以解决问题为中心"的培养模式，其培养工作主要由三部分构成：

一是专业训练前的准备，包括安排受训者现场工作，在教育心理学家的指导下参加晚间工作室活动，进行专题学习，掌握有效的工作策略。

二是专业训练与现场工作，即在大学内学习一年，学习与学校心理健康领域有关的道德与法律知识，掌握专门的技术技能，承担小课题的研究，完成督导下的实践工作。

三是高级专业训练，促使受训者能及时巩固、更新知识，发展新技术，并将其应用于实践中。

在英国，心理学会审查认证受训者的资格水平。英国心理学会规定心理辅导工作者的最低资格条件：研究生以上学历，拥有教师资格证书，两年以上的儿童青少年教学经验，至少两年的研究生学位后的教育心理学训练（目前一般是一年全日制硕士课程和一年在督导指导下的实践）等。

美国的心理辅导工作者的培养以"科学家——实践者"模式为主，

研究与实践相结合。申请者要进入美国学校心理学家协会和美国心理学会认可的学校心理学专业学习。学校心理学专业核心课程包括五个方面：心理学基础课程、教育学基础课程、心理诊断与干预、心理统计与研究方法、职业心理课程等。

美国心理学会坚持心理辅导工作者应获得博士学位，并要通过资格认证考试，才能获得美国心理学会认可的资格。而美国学校心理学家协会的资格认定相对宽一些，除博士外，非博士也可以成为心理辅导工作者。非博士学位包括硕士与专业工作者两类，专业工作者通常指在完成大学本科教育后再接受 5～6 年教育训练的人员。

（三）服务领域与任务

随着学校教育的不断发展，西方国家心理辅导内容也越来越全面，服务领域也越来越广泛。美国早期的心理辅导工作者大都服务于非学校机构。1945 年，学校心理学会成立后，服务对象开始转向公立和私立学校，并以公立学校为主；服务领域从过去的中等学校扩展到从幼儿园到大学的所有教育阶段。服务对象从以学生为主，扩展到家长、教师和学生监护人等。

美国心理辅导最传统的任务是对"问题"学生进行能力和学业成绩测验，然后把他们"归类"到不同性质的特殊教育班。随着学校心理学的不断完善并根据社会各个时期的不同需要，心理辅导的基本任务和作用也逐步拓宽到为学生、教师、家长及整个教育管理系统提供综合性的服务——心理教育测量、心理咨询、学习辅导、与教师或家长之间的咨询会诊、项目评估和学术研究等。

（四）专业组织机构与学术期刊

1945 年，学校心理学成为美国心理学会第 16 分支，标志着美国学校心理学分会正式成立。1969 年，美国学校心理学家协会正式成立。这两个组织都是美国的全国性学术管理机构，其职能主要是为全美心理辅导工作者服务。

1992 年，美国中学心理辅导工作者也成立了自己的组织——中学心理教师协会，并于1996年创办美国第一份专门研究中学生心理的杂志《惠特曼心理学杂志》。此外，还出现了不少相关学术组织，如美国人事与辅导协会，该协会在1953年吸收美国学校咨询协会的基础上，于1993年更名为美国咨询与发展协会，1992年，该协会发表了《孩子是我们的未来，2000年的学校咨询》发展规划，成为美国心理辅导发展史上的一个重要事件。

1963年，全美第一本心理辅导的专业期刊《学校心理学杂志》创刊，1964年创办《学校中的心理学》，随后一系列刊物陆续诞生，如《学校心理学文摘》（1972年，现名为《学校心理学评论》）、《国际学校心理学》（1979年）、《专业学校心理学》（1986年，现名为《学校心理学季刊》）。另外，还出现了其他相关专业杂志，如《特殊儿童》、《学习困难杂志》、《心理与教育评价杂志》等。

第三节　我国心理辅导的兴起与发展

与西方心理辅导的发展类似，我国心理辅导的兴起也是源于心理卫生运动和职业辅导运动。

一、心理卫生运动的影响

20 世纪 30 年代，我国的著名教育家吴南轩先生大力呼吁开展和推广心理卫生工作。1930 年前后，他率先在南京中央大学心理系开设心理卫生选修课，开创国内高校心理辅导之先河。此外，他还在中央大学《旁观》杂志上开辟《心理卫生》专栏。

1930 年 5 月 5 日，第一届国际心理卫生大会在美国召开，大会成立了国际心理卫生委员会，心理卫生运动的发起人比尔斯任秘书长，中国心理学家刘瑞恒与会并当选为名誉副会长。

1936 年 4 月，我国教育、心理、医学、社会学等领域的专家共 228 名聚集南京，正式成立了"中国心理卫生协会"，从而揭开了中国心理卫生运动的序幕。此后翻译和出版了一些著作，如章颐年的《心理卫生概论》（商务印书馆，1936），美国谢尔曼的《心理卫生与教育》（昆明中华书局，1939），丁瓒的《心理卫生论丛》（商务印书馆，1947），郑小杰等著《心理卫生概况》（南京中正书局，1947）等，这些著作对早期心理卫生运动的发展起到了重要作用。

丁瓒教授是我国医学心理学创始人之一，也是中国心理卫生协会发起人之一，他为中国心理学事业作出了杰出的贡献。他的《心理卫生论丛》、《青年心理修养》两书，在学术界和社会上产生了广泛的影响。1944年，他还创办了我国第一个心理卫生实验室、咨询所和门诊部，开展较为系统的心理卫生和医疗工作。由于他的卓著成就，1948年，丁瓒作为我国唯一的代表参加了在伦敦召开的第三届国际心理卫生大会。

二、职业辅导工作的促进

在我国，职业辅导和心理辅导紧密联系一起，也是我国心理辅导的重要源头。

1916年，北京清华学校校长周诒春，首先倡导职业辅导工作，帮助学生了解自己的能力与兴趣，选择适应的职业和学科。

1917年，中华职业教育社成立，这是当时我国唯一的职业辅导机构，其工作内容与美国的帕森斯开设的波士顿职业局工作极为相似。1919年，该社主办的《教育与职业》杂志曾出版"职业指导"专号。1922年，该社组织"职业指导委员会"，设置辅导工作站。

1928年，全国教育会议通过《设立职业指导所及实行职业指导案》，1933年，当时的教育部颁布了《各省市县教育行政机关及中小学施行升学及指导办法大纲》，将辅导工作内容扩展到学校教育领域。抗日战争爆发后，学校辅导工作停止。

三、心理辅导的学校引入

新中国成立后，实行社会主义的计划经济，学校实行计划招生，统一分配，统一安置，职业辅导已无存在价值，至20世纪80年代，几近空白。一直到20世纪90年代，随着社会主义市场经济的发展和推进，随着大学生就业制度的改变，我国的职业辅导才重新迈上了新的发展轨道。

我国的心理辅导事业也和其他社会事业的发展一样，是伴随着改革开放的推进而逐渐发展的。我国的心理辅导是改革开放的产物，起步于20世纪80年代中期，最先在大学校园出现，然后逐步推广到中小学。

　　虽然与欧美相比，我国大陆的心理辅导仍处于发展时期，但随着人们思想观念尤其是教育观念的更新和素质教育的全面推进，以及社会大众对心理辅导的高度关注，它也经历了一个由引入、探索、起步到发展的过程。

　　20世纪70年代末和80年代初，随着改革开放政策的贯彻，我国的心理辅导工作首先在心理卫生领域出现。1985年，中国心理卫生协会重新成立，并设置了心身医学、儿童青少年心理卫生、心理咨询与心理治疗等专业委员会。1986年底，中国心理卫生协会在北京召开了首届青少年心理卫生学术交流会。以此为标志，心理卫生运动开始向教育界发展，从而对学校心理辅导产生了重要的影响。

　　在心理卫生得以恢复的同时，心理辅导首先在我国的高等学校获得了最早的重视和发展。1982年，北京师范大学率先成立心理测量与咨询服务中心，开展心理辅导服务；北京大学1984年建立了心理健康咨询室；上海交通大学1985年建立了益友咨询服务中心；华东师范大学1986年成立了学生问题咨询所等。

　　与此同时，中小学心理辅导活动也迅速开展起来。如1986年，上海风华中学建立了心理咨询室；1986年，上海市教科所开展了"初中学生心理辅导研究"；1989年，上海市还成立了中小学心理辅导协会，该协会是全国最早以推广、研究、普及、提高中小学和幼儿园心理辅导工作为宗旨的专业性学术团体，对上海市乃至全国心理辅导的发展起到了积极的推动作用。

四、心理辅导的初步探索

　　进入20世纪90年代后，随着改革开放的扩大，一些学者走出国门，到海外系统学习心理咨询与辅导；同时，国外与港台的学者也陆续到内地讲学，推动了我国心理辅导事业的发展。与此同时，全国的心理辅导理论研究和实践活动也十分活跃，各种学术组织纷纷成立，中国心理学会、中国心理卫生协会、中国社会心理学会、中国教育学会均有相关的分支组织或专业委员会，来负责心理辅导的学术研究、人员培训等活动。

另有一些协作组织，也为心理辅导的发展起到了十分重要的作用，如全国学校心理辅导与教育联络组（现已演变为中国教育学会教育实验分会学校心理辅导专业委员会），自 1994 年在湖南岳阳召开第一次研讨会以来，至今已召开过多次学术交流大会。

特别值得一提的是，党和政府在这一时期也开始逐渐重视心理辅导工作。1988 年 12 月《中共中央关于改革和加强中小学德育工作的通知》中，就提出"对学生道德情操、心理品质要进行综合培养与训练"。1990 年 10 月，江泽民同志在中国少先队全国代表大会的祝词中阐述了培养青少年心理素质的重大意义，他说："要锻炼强健的体魄和良好的心理素质，一个民族的新一代，没有强健的体魄和良好的心理素质，这个民族就没有力量，就不可能屹立于世界民族之林"。

1992 年颁布的《中国教育改革和发展纲要》指出，中小学要由应试教育转向素质教育，心理素质成为素质教育的一个重要组成部分。此后，中小学的心理健康教育更成为教育改革的热门话题，很多学校把心理健康教育作为教育改革的重要课题。

五、心理辅导的真正起步

1994 年，中共中央和国务院颁发了《中共中央关于进一步加强和改进学校德育工作的若干意见》，明确指出"通过多种方式对不同年龄层次的学生进行心理健康教育和指导"。1995 年，当时的国家教委颁布《普通高校德育大纲》，把心理健康教育列为德育内容，具体包括普及心理卫生知识、培养良好个性品质、提高心理调适能力等。

1999 年《中共中央国务院关于深化教育改革全面推进素质教育的决定》中，再一次指出："针对新形势下青少年成长的特点，加强学生的心理健康教育"。同年 8 月，教育部第一次就心理健康教育问题专门颁发了《关于加强中小学心理健康教育的若干意见》，对中小学心理健康教育做出非常具体的要求和规定。

2001 年初，中共中央国务院再次颁发了《关于适应新形势进一步加强和改进中小学德育工作的意见》，又一次指出"中小学都要加强心理健康教育"。由于得到了政府的支持，许多高校和中小学都系统地开展了心理健康教育工作，相关机构也有计划地制订了学校心理健康教育工作规范，许多单位和个人编写了不同版本的心理健康教育系列教材。

六、心理辅导的快速发展

随着心理辅导工作的普及，心理辅导的重要性越来越为人们所重视。为了使这项事业得以健康发展，政府开始将心理辅导纳入学校教育工作的系统之中。在 2001 年 3 月 15 日九届人大四次会议通过的《中华人民共和国国民经济和社会发展第十个五年计划纲要》中明确提出"加强青少年的思想政治、道德品质、心理健康和法制教育"，这是我国第一次把青少年的心理健康教育列入国民经济和社会发展的五年规划。

2001 年 4 月，教育部又颁发了《关于加强普通高等学校大学生心理健康教育工作的意见》，这是继 1999 年 8 月教育部就中小学生心理健康教育问题专门颁发文件后，针对大学生再一次颁发文件。这两个文件对全国大、中、小学开展心理健康教育起到了十分重要的指导作用。

2001 年 6 月 14 日颁发的《国务院关于基础教育改革和发展的决定》中又十分明确地指出"加强中小学生的心理健康教育"。所有这些都说明了党和政府对广大青少年学生心理健康教育的高度重视。2002

年4月，教育部颁发《普通高等学校大学生心理健康教育工作实施纲要（试行）》，要求各高校党委高度重视，切实把大学生心理健康教育工作纳入学校重要议事日程，采取有效措施抓紧抓好。

2002年8月，教育部颁发《中小学心理健康教育指导纲要》。2004年7月，教育部颁发《中等职业学校学生心理健康指导纲要》。2004年8月，中共中央、国务院在《关于进一步加强和改进大学生思想政治教育的意见》中指出，要重视心理健康教育，根据大学生的身心发展特点和教育规律，注重培养大学生良好的心理品质和自尊、自爱、自律、自强的优良品格，增强大学生克服困难、经受考验、承受挫折的能力。这些都有力地促进了我国心理辅导工作的快速高效发展。

我国的心理辅导还会继续良性发展下去，它将成为学校教育中的重要一环，得到每一位教育工作者甚至学生的重视。心理辅导教师不仅要做好自身工作，还要在力所能及的情况下，推动学校的心理辅导建设。

第四节　心理辅导教师应具备的心理素质

除了工作内容与一般的教师不同，心理辅导工作还对教师有其特殊的素质要求，这就需要各位心理辅导教师在学习专业知识的同时，要不断提高自身素质。最基本的就是，心理辅导教师必须具有良好的心理素质，具体包括如下的七个方面。

一、对心理活动的敏感性

心理辅导是通过辅导人员与学生的相互作用实现的，它要求辅导人员要对学生的心理活动足够敏感，对自己的心理活动也比较敏感，以便能更好地了解学生，并深刻认识学生心理辅导工作的重要性；而且还要对自己的言语和非言语行为对学生造成的影响也很敏感，以免在辅导中对学生造成伤害或负面影响，要更好地对学生施加积极的影响。对人或人的心理活动不感兴趣、反应迟钝者是无法了解心理工作的重要意义的，也是很难胜任学生心理辅导工作的。

二、耐心倾听的姿态

倾听是心理辅导的第一步，它既可以表达对学生的尊重，同时也能使学生在比较宽松和信任的氛围下诉说自己的烦恼，是建立良好辅导关系的基本要求。对于有因较严重问题而烦恼、焦躁、愤怒的学生而言，能够有人倾听他们的谈话，这本身对他们来说就是莫大的欣慰。所以，倾听本身就有助人效果。

但是，并不是每个人都愿意倾听别人的烦恼的。有一些人自己本身为烦恼所困，或者容忍性很差，或者心理平衡能力较差。所以，一听别人说烦心事就很烦。这些人很难胜任学生心理辅导工作。只有那些宽容、善于容纳他人、有耐心倾听别人烦恼的人才能营造和谐、安全、自由的辅导氛围，才适合做心理辅导工作。

三、人本主义的人性观

人本主义者坚信，人基本上是可以信赖的、积极向上的，有内在潜力去面对挑战和成长。"恶"的特性是由于遭受挫折而防御的结果，并非出自本性。若能提供一个适宜的环境，人将有能力指导自己、调整自己、控制自己，使自己成为自我实现的人。

学生心理辅导人员如果具备人本主义的人性观，在心理辅导过程中就容易发现学生身上的光明面和潜力，从而能更好地调动学生自身成长的积极性，使辅导工作事半功倍。相反，如果一个人对学生持有消极悲观的看法，认为学生的自然倾向是消极、堕落、有劣根性的，在辅导过程中就会流露出对学生的压制、厌烦，这不仅不利于建立良好的辅导关系，而且，会导致学生的逆反，使辅导流于形式，起不到应有的效果，甚至会增加学生的困扰。所以，积极、乐观的人本主义人性观对于学生心理辅导工作至关重要。

四、自我心理平衡能力

心理辅导要求心理辅导教师和学生之间是充满平等、理解、尊重、信任而利于人成长的特殊的人际关系，这种关系的建立依赖于心理辅导教师自身良好的心态。如果一个人每天为烦恼所困，心事重重，魂不守舍，就很难倾听学生的心声，也不可能给学生积极的、正面的影响，一句话，无法胜任心理辅导工作。

心理辅导教师每天所要面对的，大都是学生成长中的困惑或负面信息。这些信息进入心理辅导教师的大脑，难免影响他们的心情。为此，心理辅导教师本人，必须有能力将一天中由负面信息造成的不良情绪排除，以维护自身的身心健康。

心理辅导教师也是普通的人，也会有自己的各种生活难题，难免会出现心理矛盾和冲突。但他应当在心理辅导以外的时间和关系中解决自己的心理矛盾和冲突。在心理辅导过程中，辅导员不可把自己的个人问题带到辅导中，应保持相对的心理平衡，以全神贯注于学生的问题。

五、自我理解

心理辅导是针对人的内心世界在做工作，他要求心理辅导人员对自身的内心世界首先有一个全面的理解，不仅仅是一般人允许自己意识到的优点、特点、行为，还包括对各种渴望、愿望、负面情绪、能力限度、缺点、自我生存价值的理解。如果一个人不能对自己有客观的觉察和理解，在学生心理辅导的过程中，就很难接受学生的本来面貌，也容易产生对学生恨铁不成钢的急躁心态，不利于建立与学生相互信任的关系，使辅导工作难以开展。因此，全面而正确地理解自身，就意味着也能正确理解学生，能与学生共情，这是从事学生心理辅导的重要人格条件。

心理辅导教师本身作为生活在社会现实中的人，也会在生活中经受种种压力，也有自己不善于解决的问题，也会有自己的心理问题。辅导教师在进行心理辅导工作之前，应经过自我分析或督导帮助，将自己内心世界的各种"结"搞得一清二楚，并加以修通。如果尚未修通，在心理辅导中遇到与自己"同病相怜"的求助者时，便可以有意识地回避，将此求助者转介给别的心理辅导教师，以免将自己尚未解决的心理问题引起的不良情绪投射给学生，从而不利于学生问题的解决。

六、建立温和、信赖关系的能力

学生心理辅导是借助温和、信赖的人际关系而使学生发生改变的，这就要求心理辅导人员必须具有建立温和、信赖关系的能力。优越感太强的人居高临下，自卑感太强的人缩手缩脚，苛刻的人咄咄逼人，严肃的人则沉默僵化，有这些人格特征者都不利于建立与学生的温和、信赖的关系，也就无法胜任学生心理辅导的工作。而那些有教养、内心安定、乐观、幽默、宽容的人，容易使人感到亲切、和蔼、平易近人，他们具有更强的亲和力，善于与人建立温和、信赖的关系，也更能胜任学生心理辅导工作。

七、强烈的责任心

学生代表着社会的未来，学生心理辅导是一项神圣的社会事业，它要求从业者要有强烈的责任心。首先，从业者应对学生负责。学生心理辅导教师应该深刻认识自己的言语与非言语行为对学生一生成长的作用与影响，尽可能施加积极的影响，以促进学生健康成长。其次，应对社会负责。在学生心理辅导工作中，要引导学生主动适应社会，建立和谐的人际关系，不做有害于自己、他人和社会的事。只有本身就有强烈的社会责任心、能认识心理辅导工作神圣意义的人才有可能做好学生心理辅导工作，那些自己本身就玩世不恭、漫不经心的人是不能胜任学生心理辅导工作的。

心理辅导工作的职业与专业要求教师具备以上的心理素质，这些心理素质影响着辅导工作的效果，甚至决定了辅导工作的成败。所以，需要各位辅导教师的格外重视，提高自身修养，做一名合格的辅导教师。

第五节　心理辅导教师应秉持的态度

学生心理辅导工作的顺利开展依赖于一种特殊的人际关系，即教师与学生之间充满平等、理解、尊重、信任的关系，这种关系非常利于学生成长。要建立这样的人际关系需要学生心理辅导教师对学生有人本主义的态度，即尊重、热情、真诚、共情、积极关注、中立。

一、尊重的态度

所谓尊重的态度，是指在学生心理辅导过程中，教师应把每个学生作为有思想感情、内心体验、生活追求和独特性与自主性的人去对待，不能把学生当作等待处理的有问题标签的患者。尊重学生的意义在于能给学生创造一个安全、温暖的氛围，使学生能最大限度地开放自己；可以唤起学生的自尊、自信，使学生获得高的自我价值感。尊重学生体现为对学生现状、价值观、人格和权益的无条件的接纳、关注和爱护。

（一）完整接纳学生

不仅接受学生的光明面、优点，也要接受其缺点和阴暗面，因为人无完人。当学生与自己的价值观不同甚至相反时，能尊重学生的价值观，不直接对其作评判。因为他肯定有他的道理，而且，即使他的价值观真的有问题，也不是批评两句就能解决的。

（二）对学生一视同仁

无论学生相貌美丑、经济贫富、地位高低、脾气好坏、年龄性别如何，辅导教师都要对他们一视同仁，不厚此薄彼。

（三）以礼待学生

教师对学生不可厌烦、嘲笑、发怒、贬抑、惩罚，要以礼相待。

（四）要保护学生的隐私

在心理辅导过程中，辅导教师不可为了好奇而刺探学生的隐私；当学生不愿意讲有关隐私时要耐心等待，不可强迫；对学生已经讲出的隐私要严格保密。

（五）必要的转介

在心理辅导时，如果教师发现自己实在无法接纳某个学生，或者他的问题超出自己的工作范围，可以把该学生转介给其他的辅导教师或心理治疗与医疗机构，这也是对学生的负责与尊重。

二、热情的态度

所谓热情的态度，是指在学生心理辅导过程中，教师应以热情、周到、友好的态度对待学生，不可对学生冷若冰霜。心理辅导工作是教师与学生之间的互动过程，辅导教师的热情能感染学生，使学生更加积极地投入到辅导活动中，从而提高辅导效果。相反，辅导教师缺乏热情会使心理辅导变成一种冷冰冰的工作，枯燥无聊，致使辅导效果大受影响。

在个体心理辅导的开始，辅导教师要通过关切的询问以消除学生的不安心理。在团体心理辅导的开始，辅导教师要通过一系列热身活动使大家的情绪兴奋起来，使所有学生怀着饱满的热情投入到辅导活动中。在辅导过程中，辅导教师要一直保持关注学生，积极倾听，不厌其烦的态度。在辅导结束时，辅导教师应感谢学生们的积极参与，告知有关事项，并与学生道别。

三、真诚的态度

所谓真诚的态度，是指在学生心理辅导的过程中，辅导老师应以"真正的我"出现，没有防御式武装，不带假面具，不是例行公事，而是表里一致、真实可信地置身于学生之中。辅导教师的真诚可以起到榜样的作用，可以为学生提供安全自由的气氛，学生可以因此受到鼓励，坦然地表达自己，从而使辅导在更深的层次上进行。可以说，辅导教师的真诚是打开学生紧闭的心灵大门的钥匙。

在心理辅导过程中表达真诚应注意：真诚不等于完全说实话，心理辅导教师表达真诚应遵循一个基本原则，即对学生负责，有助于学生成长；真诚不是自我发泄，辅导中一些学生的事迹可能勾起辅导教师的伤心往事，但辅导教师不可在此时处理自己的情感问题，因为辅导是为学生服务的；真诚应该实事求是，当自己在某个方面欠缺时，要承认自己的不足，这样做可以为学生树立全面接纳自己的好榜样，也易使学生觉得辅导教师可以亲近。

真诚建立在自尊、自信上，也建立在积极的人性观基础之上。缺乏基本自信和对人不够信任的人，是无法做到的。

四、共情的态度

共情的态度，指在学生心理辅导过程中，心理辅导教师不要先急着帮助学生解决问题，而是应先设身处地地去体验学生的情感、思维，理解学生的体验与其经历和人格之间的联系，并把自己的积极的共情传递给对方，以影响对方并取得反馈。这在心理学上叫做"共情"。共情使辅导教师能更准确地把握学生的心理状况，从而提高心理辅导的针对性与效果；使学生感到自己被理解和接纳，感到愉快和满足，从而更容易信任辅导教师，更容易接受辅导。

心理辅导教师缺乏共情会使心理辅导出现障碍。首先，教师对学生的问题缺乏共情会让学生觉得自己不被理解和关心，会感到失望，因而减少甚至停止自我表达，使心理辅导缺乏针对性且无法深入进行。其次，辅导教师缺乏共情时容易直接批评甚至指责学生，会使学生受到伤害，使辅导适得其反。因此，共情是影响心理辅导效果的最关键的因素。

共情与人对心理的敏感性相关，也与人对心理辅导工作的积极态度相关。通过专业的训练与潜心修养，即使天生并不很敏感，也会越来越容易与学生共情。首先，要先认识自己的情绪情感，因为认识自己的情感是认识别人情绪情感的基础。其次，坦率、真挚地表露感情，以拉近师生之间心与心的距离。

五、积极关注的态度

积极关注的态度，是指在学生心理辅导过程中，心理辅导教师对学生言语和行为的积极面应给予关注，从而使学生拥有更加正向的自我价值。每个人都有被别人认可、赞同的需要，辅导教师对学生的积极关注可以引起学生愉快的情绪体验，使学生更愿意与辅导教师沟通，从而加速良好辅导关系的形成。更为重要的是，积极关注本身就有很显著的助人效果，它能使学生看到自己的长处、希望，从而消除迷茫，树立自信。

积极关注的基础是人本主义的人性观，即抱有以下基本信念：每个学生都有潜力存在，都有自己的长处和优点，都存在积极向上的成长动力，在心理辅导的帮助和自己的努力下，都可以比现在更好。

积极关注应建立在学生的客观实际基础上，不能无中生有，盲目地、空洞地给学生讲"我发现你身上有好多优点，有很多才能，你的前途肯定是光明的"，这会使学生觉得辅导教师在用虚言安慰自己，起不到任何作用，甚至会起反作用。这就要求心理辅导教师要做到细心，善于发现学生的优点和长处，并给予适当的肯定与鼓励。

六、中立的态度

所谓中立的态度，指在学生心理辅导过程中，心理辅导老师重要的不是对学生的行为进行是非的认定，而是应理解学生的心情并力求接纳其行为的动机。心理辅导教师要站在学生一方来考虑问题和说话，采取非审判的态度，避免进行道德的判断，避免批评、抨击、警告等违背心理咨询中立原则的表现和行为。

如对考试作弊、成绩不良的学生进行辅导，不应一见面就严加训斥，而是去理解他行为背后的原因以及事发后的心情，帮助他想出解决问题的根本方法。

保持这些态度的同时，辅导教师最重要的态度就是对工作的认真态度，这是做好一切事情的根本。唯有认真，是决定工作优劣的关键。

第六节 心理辅导工作的一般流程

心理辅导教师有其应遵循的工作流程，即开展心理调查、建立学生心理档案、制订心理辅导计划、进行心理辅导工作、做好个案研究、心理辅导评估几项。

一、开展心理调查

可采用问卷法等方式收集学生的个案资料，调查内容大致包含：身份资料、个人情况、学校情况、青春期发育情况、心理健康状况等。问卷调查完成后，要进行以下几种心理测试：智力测试、人格测试、心理健康测试、学习适应性测试。在问卷调查和心理测试的基础上，再对学生进行个别心理检查，对可疑者再进行特殊心理测试，如焦虑、抑郁测试等，结合随访观察、复查，以了解学生的特殊心理问题，并纠正和补充量表测定的不足和偏差。后面的章节会对心理调查的方法进行详细的介绍。

二、建立学生心理档案

在全面了解学生的基础上，建立心理档案。运用科学的手段，由经过训练的专业人员对学生心理状况进行科学的测试，帮助教师分析与掌握学生的心理资料，从而为制订心理辅导计划提供依据。学生心理档案的主要内容：个人简要履历、家庭成员情况、人格特征、心理健康状况、智力发展情况、非智力发展情况、职业兴趣、其他（包括学习兴趣、学习态度、学习方法等）以及每次心理辅导的跟踪记录和教师的建议。

三、制订心理辅导计划

心理档案建立后，根据全面情况及个别调查的特殊情况，就要着手制订心理辅导计划。计划可以是一星期，一个月或一个学期，视具体情况而定。计划的制订，一要有针对性，二要符合学生心理发展规律，三要逐项落实，并及时调整。

四、进行心理辅导工作

心理辅导教师要根据计划，一方面为学生组织专门的心理辅导活动课，另一方面，还要通过团体心理辅导和个别辅导，对学生成长中遇到的问题给予直接或间接的指导帮助。在心理辅导中要注意做好心理咨询工作，着重解决正常学生中存在的心理偏差问题。同时注意对确有心理疾病的学生，要及时与医疗卫生保健部门取得联系，以便早介入，早诊断，早治疗，早康复。

五、做好个案研究

个案研究主要是针对个别学生的比较特殊的问题来进行研究，以帮助学生自己解决自己的问题，达到因人施教的目的。个案研究的主要对象是性格孤僻、情绪反常的学生；品行不端、行为偏常的学生；智力落后、学习成绩不佳的学生；有特长的学生或特殊家庭的学生等。个案研究一般包括确定个案研究对象、收集相关资料、分析诊断、提出处理问题的方法、写出研究报告、追踪研究等环节。

六、心理辅导评估

心理辅导评估是按照心理辅导的目的和要求，采用一定的手段对心理辅导工作或学生的心理素质进行调查、总结和评定工作。心理辅导评估体系包括两大方面：一是对心理辅导工作的评估，即对管理措施、结果的评估；二是对心理辅导工作效果和学生心理发展水平的评估。通过评估要达到总结经验、改进工作的目的。

学校心理辅导工作处于经常不断地变化中，心理辅导的模式还需不断探寻。学校心理辅导工作实践表明，组织结构固然很重要，但能否发挥作用的关键，是人的观念和认识，其次才是与之对应的制度。

因此，在研究和构建心理辅导工作模式时，必须同时考虑到：第一，要确立正确的心理辅导观；第二，要不断提高实际工作者的素质水平；第三，要建立科学的心理辅导计划和工作制度。只有将这几方面的工作与建立健全组织机构有机地结合起来，工作模式才能发挥它应有的保障作用。

第二章　探寻中学生内心的世界

当今，中学生在激烈的竞争中，拥有良好的心理素质是至关重要的。可是不少中学生存在心理问题，受到各种心理问题的困扰。心理辅导教师要想有效地开展辅导工作，就需要了解辅导对象，也就是中学生群体的心理特点，这样才能做到有的放矢，对症下药。

第一节　影响学生心理健康的因素

影响学生心理的因素是多方面的，一般有家庭因素、学校因素、社会因素和个人因素。

一、家庭因素

（一）家庭的结构、气氛与管教方式

正常的家庭结构，有利于中学生维持一种顺畅、和谐的状态；家庭结构不正常，单亲家庭或父母双亡，则易使中学生经常性地产生失落感。家庭气氛对学生的心理健康也有重要的影响，父母经常吵架，家庭成员相互间充满敌意，容易给中学生带来焦虑不安与偶像破灭感；而一个和谐、温暖的家庭，则有利于其心理健康。

家庭的管教方式对中学生心理健康有更重要的影响，父母的管教模式是溺爱、粗暴还是民主，父母对子女的期待与要求是否恰当，是否给子女带来沉重的心理负担等，对于中学生是否能维持正常健康的心理状态有重要的作用。

一般来说，民主型的管教方式最为适宜，所谓民主型的管教方式，指既要管教引导，不放任自流，不尊重子女，循循善诱，耐心说服，而溺爱型，保护型的管教方式，容易使中学生产生不正确的自我观念、自我中心、不易适应社会与学校生活，专制型和粗暴型则使中学生富有攻击性或自卑。

目前的发展趋势是：第一，单亲家庭越来越多；第二，家庭温馨下

降，竞争激烈，风险系数增大，父母在外的压力、困扰与挫折增多，家庭成了宣泄压抑的场所；外头工作忙，与孩子在一起的时间少；第三，教育方式问题。在物质享受及适应和地位等方面百般迁就，而在学习及成就行为方面百般苛求。前者造成子女心理承受力低下，难以应付挫折，但后者又使他们面临重重挫折，经受种种心理压力，从而使中学生会无休止地陷于较严重的心理矛盾之中而难以自拔。同时家庭对子女保护与溺爱的倾向往往使家长对已进入中学生阶段的子女严加控制，无视其独立性的要求，因而也加剧了中学生的心理矛盾。

（二）个体幼年经历

大量的研究表明，个体的幼年经历（一般是五、六岁前），对其一生的心理健康都有重要的影响。幼年时的心灵是脆弱的，不能经受较大的不良刺激，如果幼年时经受较大的挫折或创伤，这种创伤可能会埋藏在儿童的潜意识中，在以后会以各种形式表现出来，形成个体的心理障碍。

二、学校因素

学校是学生的第二成长空间，对学生心理的影响也不能忽略。

（一）教师的管理方式及期待效应

民主型的管教方式最有利于学生心理健康的发展，而专制型、放任型的管教方式均不利于学生的心理健康。

教师的期望影响他们对待学生的方式，不同的对待方式又影响学生的学习及心理健康，如果教师对某学生的期望是积极的，即使他不用言语明确地表达出来，学生也会不知不觉地感受到这种积极的期待信息，心理处在和谐状态，从而能健康地发展。反之，教师对某学生抱有消极的期待或失望的态度，即使不明说，该生地会不知不觉地接收到这种信息，从而导致灰心、失意等消极心理状态，影响其心理的健康发展。

（二）学习压力的影响作用

适度的学习压力，会使学生产生中等程度的紧张，易于集中注意，调动积极行为，振作精神投入学习中去，但如果压力过重，会造成学生焦虑不安、忧郁、惶恐，长期则导致心理不健康。

目前，学校的情况是：教师力求高分，家长望子成龙，拼命加大压力，采用一系列措施强化学习，频繁的测验考试、题海战术、分数排位等，导致竞争意识超前移入，使压力剧增，使学生无休止地陷于紧张、焦虑、担忧、挫折等不平衡状态之中。目前，影响中学生学生心理健康的最主要因素应是学校学习的压力。

（三）学生团体的影响作用

一个生机勃勃、团结健康的班集体有利于学生的心理健康的发展，而一个混乱、松散、不合格的班集体，则不利于学生健康的心理品格的形成发展。一个学生如果为他所在的团体所接受、欢迎，在团体中有较好的地位，则有利于其心理健康的发展。反之，则不利于心理健康的发展。因此，有的教师对班中某些调皮学生采取动员其他同学不予理睬的做法，是不可取的。

三、社会因素

（一）社会环境

社会上一些不良风气的滋长，给予中学生心理健康不良的影响，如一些黄色、淫秽的传播媒介的出现，加剧了中学生的需要与社会规范的矛盾；社会及政府部门一些不正之风，容易引起其信念动摇，加剧了学生理想与现实的矛盾。随着市场竞争滋长的一些不良观念，不仅对学生的品德产生消极的影响，而且由于社会上不良观念的影响与他们所接受的学校教育不协调一致，对中学生的心理的和谐也产生不利的影响。

（二）教育协调

学校、家庭、社会三者的教育如果方向一致，就会对学生起较大的促进作用，反之，则会消减这种作用。从维护学生心理健康的角度来看，如果三者的教育是协调一致的，则易使个体形成统一的人格；反之，对学生心理健康危害极大，可能导致其人格失去完整性而形成分裂人格。如一个学生在校帮助同学学习功课，教师表扬他是助人为乐，而回到家里父母则斥责他是个大笨蛋，他就会感到无所适从，久而久之，造成人格分裂。因此，三位一体协调一致，对学生心理健康的影响意义是很重要的。

四、个人因素

学生个人的某些因素，如外貌、能力、习惯等方面的具体情况，对其心理健康会有重要的影响作用。相貌较差，能力较差，有些生理缺陷或不良习惯的学生，往往会感到自卑、焦虑、挫折，从而导致不健康的状态。

影响学生心理的因素往往不是单方面产生作用的，大多数都是多种因素复合而成。辅导教师应灵活对待，认真分析，判断主因和次因，才能选择有针对性且正确的辅导及治疗方法。

第二节 迈入青春期的中学生特点

青春期是人生中的重要转折期，中学阶段恰巧处于这一阶段。辅导教师在进行工作时，一定要考虑到学生的青春期特点，一些心理问题就是青春期所特有的。

青春期主要有这几方面的变化：一是生理与心理上的成熟，二是自我意识的觉醒，三是社会性角色的不断显著，四是情绪由外露向内敛发展。

一、生理与心理上的成熟

心理的发展与变化，必须以生理的发展为基础。要把握中学生的心理特征，首先要了解他们的生理特征。中学生的生理发育最主要的特点就是从原来的不成熟趋向成熟。

生理机能的变化涉及很多方面，归结起来主要有"三大变化"：①身体外形的变化：身高增长迅速，体重急剧增加，骨骼和肌肉迅速生长。②内脏机能的健全：心血管系统、呼吸系统、神经系统迅速地发育健全起来。③性的成熟：性是人体内部发育最晚的部分，它的发育成熟，标志着人体全部器官接近成熟。

进入青春期后，人体内的生物钟催动脑垂体及生殖腺开始活动。同时，脑内松果体经钙化而退缩，对丘脑下部性中枢的抑制减弱，性器官和性机能开始成熟，并且发展迅速，主要表现在第一、第二性征上。生殖器官（睾丸、阴茎、卵巢、阴囊、子宫等）增大，接近成人；男孩出现夜间梦遗，女孩出现月经等；男生的男性气质和女生的女性气质也逐渐明朗化。

现代中学生的性成熟普遍出现了提前趋势：男孩遗精、女孩初潮的年龄，与 20 年前相比，提早了一岁多，男孩子的平均年龄为 13 岁，女孩子的平均年龄为 12 岁。

性成熟带给学生一些心理上的变化。由于自我意识的觉醒，中学生对自己身上发生的各种变化开始产生从未有过的关注，性成熟带来的身体变化必然引起他们高度的注意：一方面，性成熟使他们产生强烈的探究意识，渴望了解有关性的各种知识；另一方面，受到中学生强烈的成人期待和社会文化的双重影响，性成熟会激起他们复杂的内心体验。

虽然目前中学在有关课程中普遍加入了青春期生理卫生知识，但不能满足中学生对这方面知识的探求欲望，即使这些国家规定要教给学生的生理卫生知识，在许多学校中也未能正常进行教学；而大量研究表明，中学生需了解的有关性发育的知识，许多是要从父母那里获得的。同时，我国传统文化对许多与性有关的问题存在不科学甚至不健康的观念，如女子月经被看作是肮脏的、晦气的、倒霉的事情，男子遗精被看作有伤元气，还有对性早熟或晚熟的不正确看法等等。

还有一个问题是，当前各种有关性问题的书籍、资料充斥社会，其中不乏合法出版的科学性书籍，但其中有个不同年龄、生活阶段和职业的适应性问题；而更多的非法出版物，则大有宣扬伪科学、封建迷信甚至诲淫诲盗之嫌。在这种情况下，心理辅导教师需要重视青春期的心理知识普及与相关心理辅导。

另外，人的性成熟与发展不仅是性生理的成熟，更是一种人格上的发展。因为，人的性成熟与发展不像性生理那样是一个自然成熟的过程，而是遵循人的社会化规律的人生发展过程。所以，青春期的性成熟与发展更重要的在于性心理、性道德、性行为的成熟与发展，性教育也应侧重在这个方面，这是人格教育的一个重要组成部分，正是在此意义上，我们说性教育也是一种人生教育。这就需要把性教育和整个青春期教育结合起来，从独立的健全人格的培养出发，进行性教育。

二、自我意识的不断觉醒

青春期是自我意识发展的第二飞跃期。进入青春期后，由于身体的迅速发育，中学生很快出现了成人的体貌特征。生理上的变化使他们自觉或不自觉地将自己的思想从一直沉浸于其中的客观世界中抽回一大部分，重新指向主观世界，使思想意识再一次进入自我，从而导致自我意识的第二次飞跃。

初中阶段，学生的身体方面迅速生长发育、活动能力的增强、交往范围的扩大和知识经验的不断丰富，个体感到自己已经长大，渴望拥有与成人一样的角色，产生了希望独立和得到成人般的尊重的情绪体验。它是初中生在个性发展中独立性增强的突出表现，也是其自我意识迅速发展的重要标志。

高中阶段，学生的自我形象开始稳定。对自我形成了固定的概念，并且这种概念会相伴一生。由于抽象逻辑思维的进一步发展，知识经验的日益丰富，高中生逐渐学会了较为全面、客观、辩证地看待自己，分析自己，自我评价的能力变得全面、主动而且趋于深刻。

同时，中学生对自己的控制意识逐渐建立，并渐渐增强，因此，他们对行为的调控以自我控制为主。在行为上，盲目性减少，计划性增多，判断能力相应增强，且能够根据当前形势及新的任务决定自己的行为，并对行为结果有预见性。

三、社会性角色的不断显著

进入青春期的中学生产生强烈的"成人感"及"独立感"，产生明显的独立需要，渴望他人的理解和尊重，极力想证明自己是不需要依附成人而自主发展的个体。如果这一社会化过程适应不良，则容易产生如

"逆反心理"等问题，从而增加了中学生教育和引导工作的难度。

同时，中学生自我意识发展的过程，也是完成确定自我任务的过程，表现为初中生意识到自己日益丰富的内心世界，经常沉浸在关于"我"的思考和感受中。能否良好适应这一确定自我的过程，关系到学生日后能否形成自尊、自爱、自信的良好个性品质。中学生开始学习适应成人的社会，为成年期的到来做好准备。

人际关系的不断提高是社会化的一个特点。中学生的人际关系主要可分为与同伴的关系，与父母的关系，与教师的关系等。其中，交往的同龄化趋势以及同伴关系在生活中日趋重要，成为中学生人际关系发展的显著特点。

中学生开始进入自觉的道德水平阶段，形成信念，知道自己行动的原则。这一方面表现在道德意识在道德行为中的作用日益加强，所掌握的道德准则范围广、质量高。另一方面表现在道德情感中的直觉式情感逐渐减少，伦理道德式的情感体验开始占优势。此外，道德理想更为现实，知行脱节的现象也日趋减少。

四、情绪由外露向内敛发展

人类个体自出生到 3 岁之间，情绪的发展是逐步分化的。以后，随着年龄的增长，情绪经验越来越复杂。中学生在情绪经验及情绪表达方式上，随着生活经验的不断增加而逐渐改善。

初中生的情绪活动相比于高中生还是比较外露。纯洁、天真、单一是他们情绪活动的基本方面。遇到高兴、欢乐的事，他们无遮无拦，开口大笑；遇到困难、伤心的事，他们双眉紧锁，哭丧着脸。

初中生情绪活动的外露特点，给教师提供了了解学生的方便途径。初中生随着年龄的变化，到了初中高年级以后，学生的外露性情绪特点也会随着他们内心秘密的增加而变得复杂起来。这时文饰的、内隐的情绪活动增多，情绪活动的闭锁性将部分地替代外露性，出现转向青年阶段的情绪特点。

初中生情绪活动如"疾风骤雨"般，在反应时间上的特点是情绪体验迅速。他们的情绪反应来得快，平息得也快，维持的时间相对较短。尤其在初中低年级学生身上，教师还能经常见到他们像儿童那样"破涕为笑"的现象，可见初中生的情绪活动仍然存在着喜怒无常的不稳定性。也许在成人的眼里，他们显得反复无常，但在他们的体验里这就是最真实的感受。

进入高中后，学生能根据一定的条件或目的表达自己的情绪，形成外部表情与内心体验的不一致性。比如，有的学生对异性萌发了爱慕之情，却往往留给人的印象是贬低、冷落人家。

尽管高中生的自控能力提高了，但是，由于生理方面、学业方面以及心理的发展还未成熟等原因，情绪表现的两极性明显：顺利时得意忘形，受挫时垂头丧气，情绪反应很容易走极端。有人对高中生进行调查，发现70％的人情绪都是经常两极波动的，而没有激烈变化的人数百分比为零。

虽然在青春期，学生的心理出现变化，但只要处于正常范围内的行为，辅导教师不必过度关注。青春期的问题应以预防为主，辅导教师要注重向中学生传授心理知识，增进他们对自我的了解，消除青春期的烦恼。

第三节　关注中学生的心理健康

比较过去，人们对心理健康的重视程度显著增加。在这个压力巨大的社会中，人的心理也承受了前所未有的负荷。现在，我们清楚，人的心理健康如果出现问题，一定程度上也对他的生理健康产生不良影响。辅导教师需要正确理解心理健康的概念，并了解中学生健康的心理包含哪些方面。

一、健康与心理健康

世界卫生组织是这样定义健康二字的："健康是一种身体上、精神上和社会适应上的完好状态，而不是没有疾病及虚弱现象。"从这个定义中可以看出，它所涵盖的内容要比身体健康丰富的多，与我们传统意义上的健康存在很大不同。

它包括了三个基本要素：①躯体健康；②心理健康；③具有社会适应能力。具有社会适应能力是国际上公认的心理健康首要标准，全面健康包括躯体健康和心理健康两大部分，两者密切相关，缺一不可，无法分割。这是健康概念的精髓。

人们在保证自我身体健康的同时，也应该保证心理健康，才能算是一个健全的人。学生同样如此，下面主要介绍中学生的心理健康。

二、心理健康的标准

我们都知道，人的生理健康是有其严格的标准，同样，心理健康也有属于自己的标准。不过，心理健康的标准不及生理健康的标准具体与客观。了解与掌握心理健康的定义对于增强与维护人们的健康有很大的意义。

人们掌握了健康的标准，以此为依据对照自己，进行心理健康的自我诊断。发现自己的心理状况某个或某几个方面与心理健康标准有一定距离，就有针对性地加强心理锻炼，以期达到心理健康水平。如果发现自己的心理状态严重地偏离心理健康标准，就要及时地求医，以便早期诊断与早期治疗。

美国心理学家马斯洛和米特尔曼提出的心理健康的十条标准被认为是"最经典的标准"，同样适用于中学生：①充分的安全感；②充分了解自己，并对自己的能力作适当的估价；③生活的目标切合实际；④与现实的环境保持接触；⑤能保持人格的完整与和谐；⑥具有从经验中学习的能力；⑦能保持良好的人际关系；⑧适度的情绪表达与控制；⑨在不违背社会规范的条件下，对个人的基本需要作恰当的满足；⑩在不违背社会规范的条件下，能作有限的个性发挥。

中国著名的心理学家王登峰、张伯源也提出了心理健康的标准，在国内被广泛采用。具体地，心理健康的标准包括以下几个方面的内容。

（一）了解自我、悦纳自我

一个心理健康的人能体验到自己的存在价值，既能了解自己，又能接受自己，有自知之明，对自己的能力、性格和长短处都能做出恰当的、客观的评价；对自己不会提出苛刻的、非分的期望与要求；对自己的生活目标和理想也能定得切合实际，因而对自己总是满意的；努力发展自身的潜能，即使对自己无法补救的缺陷，也能泰然处之。

一个心理不健康的人则缺乏自知之明，并且总是对自己不满意；由于所定的目标和理想不切实际，主观和客观的距离相差太远而总是自责、自怨、自卑；由于总是要求自己十全十美，而自己却又总是无法做到完美无缺，无法容忍自己做事情存在上面的不足，结果心理状态永远无法平衡，无法摆脱自己感到将要面临的心理危机。

（二）接受他人，善与人处

心理健康的人乐于与人交往，不仅能接受自我，也能接受他人，悦纳他人。能认可别人存在的重要性和作用，同时也能为他人和集体所理解、所接受，能与他人相互沟通和交往，人际关系协调和谐；在生活的集体中能融为一体，既能与挚友相聚时共享欢乐，也能在独处沉思时无孤独感；在与人相处时，积极的态度（如同情、友善、信任、尊敬等）总是多于消极的态度（如猜疑、嫉妒、畏惧、敌视等），因而在社会生活中有较强的适应能力和较充足的安全感。而心理不健康的人可能常常置身于集体之外，与周围的人格格不入。

（三）正视现实，接受现实

心理健康的人能够面对现实，接受现实，能动地适应现实，进一步改造现实，而不是逃避现实；对周围事物和环境能做出客观的认识和评价，并能与现实环境保持良好的接触；既有高于现实的理想，又不会沉湎于不切实际的幻想与奢望；对自己的力量有充分的信心，对生活、学习和工作中的各种困难和挑战都能妥善处理。心理不健康的人往往以幻想代替现实，而不敢面对现实，没有足够的勇气去接受现实的挑战；总是抱怨自己"生不逢时"或责备社会环境对自己不公而怨天尤人，因而无法适应现实环境。

（四）热爱生活，乐于工作

心理健康的人能珍惜和热爱生活，积极投身于生活，并在生活中尽情享受人生的乐趣，而不会认为生活是重负；他们在工作中尽可能地发挥自己的个性和聪明才智，并从工作成果中获得满足和激励，把工作看作是乐趣而不是负担；他们能把工作中积累的各种有用的信息、知识和技能存储起来，随时提取使用，以解决可能遇到的新问题，使自己的工作行为更有效。

（五）能协调与控制情绪，心境良好

心理健康的人愉快、乐观、开朗、满意等积极情绪总是占优势，当然也会有悲、忧、愁、怒等消极情绪体验，但一般不会长久；他们能适度地表达和控制自己的情绪，喜不狂、忧不伤、胜不骄、败不馁，谦而不卑，自尊自重，既不妄自尊大，也不退缩畏惧；对于无法得到的东西不过分追求，争取在社会允许范围内满足自己的各种需要；对于自己所能得到的一切都感到满意。

（六）人格完整和谐

心理健康的人，气质、能力、性格和理想、信念、动机、兴趣、人生观等各方面平衡发展，人格作为人的整体的精神面貌能够完整、协调、和谐地表现出来；他们思考问题的方式是适中和合理的，待人接物能采取恰当灵活的态度，对外界刺激不会有偏颇的情绪和行为反应；他们能够与社会的步调合拍，也能和集体融为一体。

（七）智力正常，智商在80分以上

智力正常是人们正常生活工作和学习的基本心理条件，是心理健康的重要标准。一般智商低于70分者为智力落后，而智力落后是很难称为心理健康的。

（八）心理行为符合年龄特征

在人的生命发展的不同年龄阶段，都有相对应的心理行为表现，从而形成不同年龄阶段独特的心理行为模式。心理健康的人应具有同年龄多数人所符合的心理行为特征。如果一个人的心理行为经常严重偏离自己的年龄特征，一般是心理不健康的表现。

三、中学生心理健康现状

卫生部2002年儿童、中学生心理健康问题座谈会公布的调查统计显示，我国儿童、中学生行为问题的检出率为12.97%，有焦虑不安、恐怖和抑郁情绪等问题的大学生占学生总数的16%以上，而世界卫生组织的调查显示，只有不足20%的患者得到了适宜的治疗。

据中国疾病控制中心精神卫生中心提供的信息，我国18岁以下的

3亿多未成年人中，据保守估计，有各类学习、情绪、行为障碍者达3000万。突出表现为人际关系、情绪稳定性和学习适应方面的问题。仅常见的儿童注意缺陷多动障碍的患病率，在北京为5.7%、湖南为6%，估计其中有30%会发展为成人注意缺陷多动障碍；大学生中，近25%有心理障碍，以焦虑不安、恐怖、神经衰弱、强迫症状和抑郁情绪为主。

根据北京大学精神卫生研究所对北京16所大学学生10年中辍学原因的分析，1982年以前主要为传染性疾病，而1982年以后则为精神障碍。并且，心理问题有上升的趋势，主要以焦虑、抑郁等神经症行为的增多为主。

健康的个性品质是学生学习、生活和人际交往的心理基础。孤僻、好嫉妒、暴躁冲动等不良性格常常会影响学生的健康成长。个性特点往往与个体情绪特点密切联系，如孤僻的学生常常伴有抑郁情绪，好嫉妒的学生常常伴有焦虑情绪。情绪健康是心理健康的显著标志，学校心理辅导的一项重要任务，是处理学生的情绪健康问题。

中学生还处于身体与心理共同发展中，一切还未达到完善的程度，所以，中学生的心理健康就应该受到更多的关注与保护。

有专家预测：21世纪心理疾病将严重危及中学生的身心健康。世界卫生组织近年来对许多国家的调查研究证明，在全世界的人口中，每时每刻都有1/3左右的人存在各种的心理问题。在我国，最新一次全国4～16岁少年儿童心理健康调查发现，我国儿童的心理和行为问题的发生率高达13.9%。有关部门还对中、小学生做了一次抽样调查，结果发现，中学生中有2/5左右的孩子有不同程度的心理障碍。这些数据表明，中学生成长过程中出现的心理疾病较成人更为严重。

辅导教师应该帮助中学生走出心理困境，助他们健康成长。

第四节　中学生心理发展的主要矛盾

中学阶段，中学生的身心都正在迅速发展，而发展是矛盾的产物。在他们身上交织着诸多矛盾，化解矛盾的过程正是他们由单纯、幼稚走向成熟、完善的过程。这些矛盾既有中学生与学校、社会、家庭环境之间的冲突与不适应，又有中学生自身在成长过程中身体与心理之间的不协调以及某些心理因素的成熟化问题。

一、中学生与社会环境的矛盾

（一）与学校的矛盾

学校是学生成长发展的"主战场"，学生的未来在很大程度上取决于学校及所受的教育。然而，六年的中学生活对他们的影响是不同的。

初一是中小学的过渡期，升入初一，并不单单意味着小学生长成了中学生，他们必须同时面对中学的多种学科、紧张而繁重的学业等事实。所以，欣喜是暂时的，适应将是他们这个时期的主旋律。这就要求中学生从学习方法、态度、与各任课教师的关系等方面进行必要的调整。不适应将是每个新中学生的第一感觉，只是在持续的时间和程度上会表现出个体差异性。

初二是一个特殊时期，有些教师颇感棘手。因为这时的中学生已基本习惯中学的学习生活特点了，学业相对于他们敏捷的头脑、活跃的思维已不是多重的负担，但这时正是他们身心发育的高峰期，身体的变化常使他们翻来覆去，前忧后虑，而学校的各级组织和教师，由于种种原因，常常不能给学生提供有效、足够的帮助和指导。

初三和高三的学生都将面临人生的重大选择，继续求学深造是多数中学生的愿望，但在我们这样一个经济仍比较落后，教育还不太发达的发展中国家里，能够如愿的只是一部分，大多数学生都将面临其他选择。然而对学生的前途发展和职业选择教育，在许多学校仍是空白，这种单一的教育限制了学生的多样化发展。因此，每年都有一批学生因未能达及理想彼岸而情绪低落，背上沉重的心理包袱，甚至个别学生因之过早地结束了一生。

此外，中学生被来自各方面的矛盾所困扰，有些课外活动形同虚设，各科作业、模拟试题令学生目不暇接，本来应该丰富多彩的学校生活常常给人以紧张、枯燥、单调的感觉。目前，我国中学生半数以上感到学习负担重，并且恐惧考试，约20%的学生在学习中消极被动。

中学生在学校中，往往处理不好师生、同学之间的各种人际关系，这也成为他们心理烦乱的原因之一。

（二）与家庭的矛盾

家庭和学校一样，是孩子成长的主要环境。中学生正经历着身心巨变，他们与家庭之间的关系也不同往昔。小学时代保护自己给以安全的家庭城堡，现在对中学生而言，常常成为限制发展、束缚自由的桎梏。

所以，中学生想要一个自我的空间，逃脱父母的管束。在这种心理诉求无法达到满足时，有些学生甚至会选择离家出走。但是中学生缺乏独立的能力和生活的技能，真正让他们独立又不可能实现。

家庭是中学生接触较多，最容易引发矛盾的场所。亲子之间爱的情感最真挚、纯洁、无私，但往往因此导致父母对子女的过分关心乃至约束。这种过犹不及的爱，对于自以为已经长大成人的中学生，常常被看作限制、枷锁。

所以，许多中学生不愿跟自己的父母呆在一起，有什么事情也不愿跟家长讲，不听从父母的话，甚至顶嘴吵架，以此来证实自己的成长和自立。

然而，多数家长很少能清醒地意识到孩子的这种变化，时常以否定的结论指责子女，甚至自觉或不自觉地影响了孩子的学习、生活。于是，亲子间的爱随冲突的增多，代沟的加深而疏远、淡化。

　　亲子关系的紧张，有时让敏感的中学生产生自己是罪魁祸首的错觉，以致对自我形象的不满意。同时，这种紧张还会延迟子女的性发育成熟和社会化进程，导致他们对自己的前途命运丧失信心，对现实生活不满的不良心态。

　　家庭教育既是学校教育的先导，又是有益的补充，它对中学生所产生的影响是多方位的，是综合性的，因而必须引起家长的足够重视。家庭是社会的细胞，学生的社会化水平在很大程度上取决于家庭这个小社会。但在现实生活中，不少家庭缺乏这种认识，从而不利于子女走向社会。如少数家庭本身就是社会的消极分子；许多家长在处理子女与社会的关系上，往往有意无意地把自己的模式强加在下一代身上。

　　（三）与社会的矛盾

　　中学生身体的成长，自我意识的发展以及在家庭、学校、社会地位的变化，使他们产生了成人感和独立性。他们渴望自治、自理，希望能得到周围其他人的认可和尊重，建立起新型的人际关系，走向社会。

　　但在现实社会生活中，由于涉世不深，缺乏复杂的社会生活的亲身体验，人生观、世界观尚待成熟，对生活中可能遇到的问题和困难估计不足，所以在他们走向社会的过程中总显得力不从心，有的可由此而产生消极情绪，悲观失望，丧失学习生活的信心和勇气，从而导致不健康的心理。

二、性征的完善化与性心理幼稚的矛盾

　　中学生身体处在成长与变化中，而且随着社会的加速发展，人们生活水平的提高和生活质量的改善，中学生的成熟期明显提前了，发育速度也加快了。但是，与社会、经济的快速增长不相适应的保守的传统教

育，相应地拉大了中学生躯体变化与心理发展的距离。

正常的性心理是性生物学和性社会学联合作用的产物，它包括性别认同、性度、性爱心理几个方面。中学生性心理发展相对其身体变化的落后性也表现在这些内容上。

性别认同指个体是否接受自己的性别生物学特点和社会所规定的性别角色规范。大多数人包括中学生都能接纳自己的性别，并依不同的性别形成相应的思想和行为。但也有个别人持否定态度，对自己的性别不满，为自己的性别苦恼。所以中学里有的女生总是把自己的胸束得很紧，以免太醒目；而有的男生则穿较瘦的内裤，以求不至于"难堪"。

性度是一个人性生理特点从外在体质和心理方面所表现出来的性别特征，它受体内性激素、社会性别角色规范、性别认同感、年龄、文化水平等因素影响。任何一个人都同时具备雌雄两种激素，即同时具备两性特征，只是由于两种激素的分泌量不同，导致了个体的主体性特征。男性受雄性激素的影响，男性特征多，男性度高，女性度低；而女性则相反。由于家庭环境的熏陶，早期教育及认知的偏差，中学生中存在着性别偏差，如女生男性化，男生女孩子气等。

性爱是建立在两性生理基础上而产生的对同性和异性爱的情感。中学生由于年龄、阅历、认知方式等的接近以及性别角色的建立，在同性同学之间建立起密切的友谊；在对待异性上，被彼此的情感所吸引，互有好感，产生接触的欲望和要求，开始由疏远走向靠拢，为他们日后的两性结合增加了经验。这时也容易出现同性间的相互嫉妒，异性间的早恋、单相思等。

许多中学生的性问题可以从家庭中找到根源。家庭生活中父母的认知、性行为以及夫妻关系都会给孩子留下印痕，而这些又往往是父母，尤其是年轻父母所忽略的。家庭成员是第一直观教材，父母特别是与子女同性的一方，对子女性心理的发展的影响举足轻重。对于正值青春发育期的中学生而言，父母不适度的亲昵以及挑逗性的语言，均可导致孩子的性偏差。

处于发育期的孩子有时会向父母提出一些性问题，这时父母的第一意识往往是"你怎么会问这种问题?""怎么会与我们谈论这些事?"在行为上则"打游击"，回避孩子的问题，或者干脆斥责、教训一顿了之。这些都是不正确的教育方法。

父母对孩子性发展的影响有积极的，也有消极的；有身体的，也有心理的。在性知识、性行为、性心理方面，父母传递的往往是支离破碎的、片面的、扭曲的信息。面对儿子和女儿这不同的对象，性信息的传递又表现出差异。父母对女孩贞洁的要求与防范超理性，她们常被告知不准接受男孩子的礼物，不能一同去游玩、看电影等，个别父母甚至拆看女儿的信件，盘问不休，完全忽视了她们的人格。

中学教科书中涉及的人物，男性远远多于女性，男性的形象又往往是英雄、领导人、科学家和外交官等，而女性的形象则是软弱无力的。教师的性别结构也是不容忽视的。目前，在我国的幼儿园和小学，教师绝大多数是女性。另外，家庭中妇女地位的变化，影视作品中对女性的过分渲染，对男性的贬低，所有这些都会对儿童、青少年的性心理产生影响。

性心理成熟滞后与性征发育时间提前的矛盾，带来了一系列青春期问题，如过度手淫、早恋、性变态等。对处于青春期的中学生及时进行科学的性教育是十分必要的。中学生对性的无知这一事实证明了性教育的落后。性教育是性生理、性心理和性道德等内容的综合，它是增进学生身心健康、维护社会安定团结的手段。

三、自我意识的增长与社会化成熟滞后的矛盾

自我意识是指人对自己的认识，或者说，是对自己和周围人的关系的认识。它是在社会生活和交往活动中随生理和心理的发展逐步建立和成熟起来的。其主要表现为：自我观察、自我评价、自我体验、自我监督、自我控制、自我激励和自我命令等。

自我意识可以概括为三点：一是对人自身生理状态的认识、体验，包括温饱感、饥渴感、劳累感、舒服感等；二是对自身心理状态的认识和体验，包括认知水平、能力水平、性格、情感体验等；三是对主客观关系的认识和体验，包括中学生自己在学校、家庭中的地位，与教师和父母的关系等。

自我意识产生于儿童时期，进入中学后迅速发展，并成为个性发展的重要特征。中学生自我意识的发展表现出这样几个特点：第一，独立意向的发展，如对主客体的认识有自己的思想和观点，对与自己息息相关的事情要求自己独立解决和处理；第二，自我意识的分化，中学生能将"我"分成"自我"和"他我"，从自己和他人的角度去认识、评判自己；第三，自我个性的激扬，为使自己的个性更加完美和成熟，他们向往英雄、领袖，并以名人、伟人的格言来要求自己；第四，自我评价水平的提高，在对自己尤其是对他人进行评价时，能以客观事实为主，将行为的动机、行为的过程、行为的结果以及行为的背景、客观因素等综合加以考虑，避免片面性、主观性；第五，自尊心的增强，中学生强烈的成人意识要求他人，如教师、家长等尊重自己，并给以信任，在受到批评时，要讲究时间、场合、方式方法；第六，道德品质意识的建立，通过对道德知识和理论的学习，能掌握并运用道德行为准则处理各种关系。

自我意识的发展并不意味着完全成熟，事实上，中学生不可能像成人那样独立地行动处事。如自我评价，因自我意识的不稳定，有时会过分夸大自己的能力，出现评价过高情况；而当遇到失败和挫折时，又可能丧失斗志，胆怯害怕，缩手缩脚，无力面对现实，产生自卑情绪。在评价他人时，往往以己之长度人之短，不能完全客观地进行评价。面对他人对自己的评价和认识，有时不够冷静，特别是有的中学生家庭地位优越，自尊心过强，希望自己在学业、能力、人际关系，甚至身高、容貌、性格等方面都出类拔萃。

过度的苛刻陷自我于困境，长此以往便会变得孤独、沉默。自尊心发展不充分的学生会产生许多不适，如感到自己无能，没有存在的必要，当遭到别人的嘲笑或埋怨时会有强烈的不安，感到自己不行，更为焦虑，致使自己在学习和生活中缺乏信心与竞争能力。

四、感情要求外露与内隐的矛盾

一般中学生的特点是积极向上，活泼热情，乐观开朗，情感丰富，并开始对自身和客观世界产生一定的直接的和间接的体验。在与他人的交往中，特别是遇到成绩好、能力水平高、共同语言多的同龄同学时，能敞开心扉，坦诚交谈并结下深厚友谊。

同时，随着年岁的增长，尤其在高中的中后期，阅历的丰富，文化知识和社会经验的增多，自我调控能力的增强，他们会把注意力更多地转向内心世界，扩充只属于自己的小天地，而不再轻易地表现、发泄自己的感情。这时，心灵的自然流露减少，封闭性的特点表现得更明显，这就给中学生与他人的双向交流和了解增加了困难，而且他们自己也觉得得不到别人的理解。比如他们在内心激动、兴奋或苦闷时，从表面看来似乎若无其事、平淡无奇，实际上，他们强烈渴望能找人倾吐、诉说，而当面对同学、老师、家长的关心时，他们往往又敬而远之。

因此，有许多学生的心理由独立性转向孤独性，由顽强性转变为固执性，由探索性转变为多疑性，由坦率性转变为对抗性。正是这种封闭性，造成同学间、师生间的许多隔阂，相互猜疑，甚至造成彼此伤害。作为心理辅导教师，应了解并把握这一心理现象，尊重他们，主动弥补分歧，填充"代沟"，促进学生心理健康发展。

综上所述，中学生正处在生理、心理发展的重要阶段，了解他们的一般特征、个性差异以及心理发展的矛盾，有助于心理辅导教师从实际出发，因材施教。

第三章　中学生心理辅导内容

根据中学生的心理特点，心理辅导教师需要做好这几方面的辅导工作：情绪管理辅导、自我发展辅导、学习辅导、人际交往辅导、性心理及情感辅导、职业心理辅导等。这些内容涉及中学生心理辅导的各个方面，教师只有深入钻研相关的知识，才能做好具体的辅导工作。

第一节　情绪管理辅导

　　情绪是人受到刺激时因认识到该刺激是否符合需要而产生的主观体验，它伴有相应的外部表现和生理反应。负面情绪会干扰认知，长期的负面情绪会对人的身体造成伤害。因此，心理辅导教师要使学生了解、认识负面情绪的危害，教给他们情绪调节的策略及方法，使其能经常保持良好的心境和乐观的情绪。

　　情绪具有信号的功能，在人际沟通中起着重要的作用，所以，要让学生形成适度的情绪反应能力，并学习体察别人的情绪状态，以促进深度的人际交往。适度的情绪兴奋，可以使身心处于最佳的活动状态，进而推动人们有效地完成工作。因此，要让学生了解并利用自己的积极情绪，进行生涯规划，促进其潜能的实现。心理辅导教师应让学生明白何为正常的情绪表现，形成正确的对于情绪的认知。

一、正视情绪

　　中学生体验到比小学时代更丰富的情感，有更丰富的内心体验，或者对于自我产生诸多质疑，并为自己的将来而发愁，这是成长的必经之路。人有七情六欲，各种情绪都是我们生活的一部分。

　　当负面情绪到来时，并没有什么可怕的。管理情绪的第一步就是正视情绪。教师应帮助学生认识到，负面情绪也是人生理、心理正常的反应。同时，应让学生认识到其他同学也可能同样遭受着各种情绪的困扰，让学生感受到他们所面临的问题并不是那么可怕，也不是唯我独有，给予他们正视情绪的勇气。

二、积极行动

人们通常认为，人之所以会哭，是因为伤心；人之所以会笑，是因为快乐。而心理学家詹姆士 1884 年提出了一种与常识相反的理论。他认为，快乐是因为笑，悲伤是因为哭，恐惧是因为发抖。心理学里的认知失调理论也认为，为了避免认知和行为的不一致，人会主动改变认知。

我们自己在生活中也会有体验，有的时候，哈哈大笑一阵，也会感觉轻松很多。教导学生挺起胸，抬起头，步子迈得大点，坚定些，你会惊奇地发现，姿势不仅改变了外表，而且改变了精神、态度和自我感觉。当一个人昂首挺胸时，内心深处也会更幸福愉快，有价值感，有自信。

三、重新评价

心理学对情绪调节的研究发现，相对于情绪压制，认知重评才能真正改变情绪性质。"横看成岭侧成峰，远近高低各不同。"世界上的事情都不是单面的，教师作为有着更多生活经历的长者，可以为学生提供认识问题的更多途径和侧面。教师在帮助学生澄清事情时，要引导学生自己分析，自己重新评价。

四、适当抒发宣泄

人的心灵好像人的呼吸一样，不吐纳，就会窒息。当一种情绪袭来时，不要过分压抑，要找到合适的渠道，适当宣泄出来。被压抑的情绪是不可能自动消失的：它会改头换面潜伏下来，久而久之，会导致一个人身心失衡。辅导教师要告诉学生不能压抑情绪，也不能放纵情绪。合理疏泄情绪，以不损害他人与自己为原则，选择合适自己的发泄情绪的方式。

五、寻求社会支持

一个人在高兴时，通常希望有人分享；当遭遇痛苦时，往往需要得到他人的理解、同情、安慰、鼓励、信任和支持。每个人都有自己的社会支持网络。所谓社会支持网络，就是能对个人的许多方面，尤其是精神方面给予关心支持和帮助的人际关系网络。该网络主要由亲人、同伴以及其他能够并愿意提供帮助的人员（如教师、心理咨询师等）所组成。感受到自己生活在一个彼此联系、相互帮助的人际关系网络中，是非常必要的。要积极与周围的人交流，寻求必要的社会支持。

第二节　自我发展辅导

对学生进行自我发展辅导，就是要帮助学生全面认识自己的身体、社会角色和心理特征，促其积极接纳自己，使自己人格的各个方面不断地整合，为自己确立切合实际的人生发展目标，并帮助其把总目标分解为具体目标，以激励他们不断进步和成长，使他们的个性越来越完善，潜能得以充分发挥和实现，能充分体验生命的意义、成功的快乐。

自我认识表现为自我感觉、自我觉察、自我概念、自我印象、自我分析、自我评价等。自我认识的教育与辅导的主要任务是帮助中学生发展积极健康的自我意识和良好的自我概念。

一、自我意识发展的影响因素

自我意识是个体在社会化过程中逐渐形成和发展的。依据美国心理学家米德的观点，此过程可分为3个阶段：第一阶段为准备阶段。此阶段主要指初生的婴儿，他们还需要掌握语言的符号，才能进入第二阶段。第二阶段为模仿阶段，这个时期他们通过观察和语言符号的中介开始模仿别人，如父母、教师、同伴等，在模仿中学会从别人的视角看自己。第三个阶段为社会角色扮演阶段。这个阶段个体已经能够综合许多人的看法来看待自己，知道应该怎样才能符合社会的期望。

影响自我意识发展主要有个人自身因素、生活环境因素和社会义化因素：

（一）个人自身因素

首先是生理因素，主要是身体外观形态上的特点，这种特点可以影响到中学生自我概念的积极性程度或消极性程度；其次是心理因素，如认知水平，具有较高认知水平及较成熟的形式逻辑及辩证逻辑思维特点的学生，往往具有更适当、更稳定的自我概念。

（二）生活环境因素

环境因素主要包括家庭、教师和同伴三个方面。

自我意识的发展受家庭环境影响。家庭环境是指家庭的物质生活条件、社会地位、家庭成员之间的关系及家庭成员的语言、行为及感情的总和。毋庸置疑，一个家庭的社会地位、文化素养等极大地影响一个孩子对自己的定位与思考。

父母对孩子的教养方式，更深刻地影响着孩子自我意识的发展。研究发现，父母对孩子的情感和关注持积极的态度，可以提高孩子的自信心，有利于孩子更好发展。港台学者卢钦铭、陈李绸、张春兴等发现，学生愈感觉父母用关怀、奖励、宽容、赞赏、爱护、温暖和高期望的态度来管教他们，他们的自我意识就愈高。

过去有研究表明，孩子自我意识多个因子与父母采取情感温暖、理解式教育方式（民主型父母）呈显著正相关，与惩罚、严厉、拒绝、否认式教养方式（严厉型父母）呈负相关。此外，父母评价的一致性与儿童自我意识也有很强的联系。如果一个孩子总是接受到来自父母不一致的评价，他又将如何来看待自己呢？他要更相信谁的评价呢？

教师对待学生的态度与方式、师生关系和学生学业成绩，对学生自我意识的形成与发展也具有非常重要的作用。教师在中学生成长中扮演了十分重要角色。

师生关系是促进学生学习和减少学生行为问题的关键因素。在师生交往中，教师对学生行为的评价、情绪反应和行为表现影响着学生对自己的体验和评价。林崇德等人的研究发现，属于冷漠型和冲突型师生关系的学生在自我意识发展方面都低于亲密型师生关系的学生。学业成绩作为中学生在校的重要评价指标，特别是作为一种客观的指标，对中学生的学业方面的自我意识有着很重要的影响，但是更为重要的是教师对于学生学业成绩的态度。如果教师将学业成绩当作衡量学生成就的唯一标准，这样将有大量的学生会因自己在学业成绩上的压力而自我感觉挫败，从而可能否定自己所有发展的潜能。

同伴在中学生健康人格的形成和发展中有着不可忽视的影响力。无论是家长或教师都不难发现，中学时代的孩子们更愿意和同龄人交往，而不是与自己的长辈。中学生时期是一个人际互动的高峰时期。

有研究表明，在同伴相互作用中，学生获得自己如何被他人知觉的信息，在此基础上，学生不断地认识自我和评价自我，促使自我概念获得发展，如学生发现自己受到同伴的关心或欢迎，会有利于学生形成积极的自我评价。

（三）社会文化因素

文化因素的影响，最常见的当属个体主义文化和集体主义文化的影响。个体主义文化鼓励对于自我作独立的解释，集体主义文化鼓励对于自我作互相依赖的解释。文化对于自我意识的发展是一个潜移默化的过程。

二、增进中学生的自我认识

健康的自我意识，是以正确认识自己为基础的。"我是谁?"是处于这个年龄段的中学生们共同关注的问题。增进中学生自我认识的途径有哪些呢?

（一）生活实践

自我认识要具有全面性、正确性，就要凭借各种正确的参照系。只有打破自我封闭，拓宽生活范围，增加生活阅历，扩展交往空间，才能找到多种参照系，才能多方面、多角度地认识自我。心理学家贝姆提出自我知觉理论：在大多数情况下，人们常常依据内部线索（如所做的选择、情感体验）来了解自己。

在内部线索微弱或模糊的情况下，人们常常依据外在行为来推断自己的内部心理特征。投身于生活实践，才有更多的机会来体验活动本身的感受，通过自己的外部行为来推测和了解自己，通过活动的成果来评价自己，发掘自己的才能。

教师要为学生多创设实践的平台，让学生有更多的机会去探索自己不知道的领域，也让周围的人有更多的机会来反馈他所不自知的领域，让学生的生活多几个支点，多一些评价体系，才有利于学生更多、更全面、更深刻地了解自己。

（二）他人评价

社会心理学家库利提出"镜中我"的概念，认为我们常常依据别人如何看待我们来了解自己，这一过程就像镜子反射光一样，因此称之为反射性评价。

教师一方面要引导学生客观对待他人的评价，让学生认识到别人的认识和评价，不要"一叶障目"完全忽视了自己的优点。另一方面，教师要善用自己对学生的评价。中学生大部分时间都生活在学校，教师对他们来说就是重要他人。

研究表明，重要他人的评价远比社会环境中其他因素更能影响中学生的自我认识。教师要慎用自己的评价，保持一颗关注的心，就事论事，不要针对孩子的个性品质轻下定论，始终注意到事情积极的一面，能很好地帮助孩子建立起更全面的自我认识。

（三）与他人比较

个体对自我的认识不是孤立进行的，常常需要通过与他人相比较才能实现。在与他人比较的过程中，个体才能认识到自己能力的高低、道德品质的好坏、追求的目标是否恰当等。

心理学家曾做过这样一个实验：首先请希望在某单位谋职的一群大学生见到的是衣着讲究、温文尔雅、手提公文包的人；另一群学生看到是穿着破烂、手脚忙乱的人。之后，找借口让大学生重新填写自我评价表。结果发现，遇到干净先生的学生，自我评价普遍降低了；而遇到肮脏先生的学生，自我评价普遍提高了。这说明，人们总是不由自主地将自己与他人进行比较，在比较中对自己做出评价。

心理学家费斯汀格提出的社会比较理论认为：人们都在试图认识自我、评估自我，为此，在缺乏明确标准时，人们常常和与自己相似的人做比较。在对中学生进行自我教育的过程中，教师要引导学生不仅和自己有相似之处的人比，更要敢于与周围的强者比；提醒学生针对可以改变的、可以发展的特征予以比较；让其明确比较是为了发现自己的优势和劣势，以达到取长补短、缩小差距的目的。

（四）内省

内省也是自我认识的重要途径。子曰："一日三省吾身"，"见贤思齐焉，见不贤而内自省也"。内省自我是中学阶段的重要特征。认真地思考自己对于自己的评价，是中学生自我认识的重要方面。内省有益处，但一味沉湎于内省之中，也会与现实脱离。因此，教师要引导学生在投身实践的过程中，多角度、多方位地自省，才有利于学生更好地认识自我。

（五）心理测量

个体对于自己外在生理指标的认识是相对容易的，身高、体重、血压、脉搏，这些通过简单的仪器一测便知。但对于自己内在品质的了解，就不那么简单了。不难发现许多中学生，可能特别痴迷于各种趣味小测试、星座、血型之说，实际上他们也就是渴望通过这样一个看似客观的指标增进对自己的了解。要知道，这个时期的孩子们专注于这些事情，其实是想明确地了解自己。

心理学家制订的心理测量量表，可以作为辅助学生自我了解的工具。帮助学生自我认识的有标准化的智力测验，如韦克斯勒智力量表、瑞文推理测验等；标准化的人格问卷，如卡特尔16项人格特质问卷、艾森克人格问卷；还有职业兴趣问卷，如霍兰德职业兴趣测验等。这些测量都可以辅助中学生增强自我认识。

三、促进中学生的自我接纳

所谓自我接纳是指对自己抱有认可、肯定的态度，相信自己存在的价值，认同自己的能力。自我接纳是个体能否发展健康的自我意识的关键与核心，自我接纳的学生才会自信。

自信是一种具有正面情绪色彩的人格特质。自信的人肯定自己，有积极乐观的情绪，有健康的心态。自信的学生会选择比较现实、具有挑战性的活动或目标，而一个过于自卑的学生则更可能选择难度过大或过小的任务。难度小的任务对他们来说完成起来更保险，而任务难度过大，即使完成不了，他们也可以归结于任务难度的原因。特别是在竞争的环境里，自信的学生的表现要优于那些自我怀疑的学生。

促进中学生自我接纳的方法有以下几个：

（一）学会恰当的自我期望

悦纳自我在很大程度上取决于一个人的自我期望。有的中学生对自己有着严苛的要求，所以总会觉得失败。也许别人眼中的好成绩，在他看来却是不理想的成绩。可见，恰当的自我期望对个体的心理健康是非常必要的。

中学生的自我期望多来源于生活中的重要他人，如父母、同伴或教师。无论怎么样，内化教师的积极评价是学生自信心形成的心理基础。因此，教师给予学生正确而积极的评价，鼓励学生"我能行"，是教师要采取的首要措施。

教师应以更广的视角来看待每一个学生，以不同的参考体系来评判学生，帮助他们树立一种更积极、更开阔的评价体系。尊重学生，教师不要轻易做出否定的评价，不要单纯以考试分数的高低来评价学生。

同时，教师要展现真实的自我，承认自己的"无能"，承认自己在某些方面的知识也有欠缺，承认自己在某些方面的能力也是有限的，这不仅能帮助孩子更积极地看待自己，同时也给孩子树立一个榜样，让他们也学会承认自己的不足，接纳不完美的自我。

（二）接受并超越自卑

心理学家阿德勒认为：每个人与生俱来都有"自卑情结"。自卑的表达方式有很多种，每个人都有自己独特的方式表达出这种感受。阿德勒本人就是鲜活的例子。阿德勒幼年多病，个子小，外形不佳，体质很差，5 岁时患肺炎差点死掉，入学的时候成绩也很差。相比之下，他哥哥几乎是个"完美"的人。但这些反而促进了阿德勒的努力，他也从这种经历中总结出了自己的心理学理论。

有些中学生时常觉得只有自己是自卑的，觉得自己是丑小鸭，别人都是美丽的白天鹅。作为教师要引导学生，告诉他们自卑并不是魔鬼，人人都有自卑的地方。自卑会给人带来压力，但也是促人前进的动力。

（三）维护自尊

自尊意味着个人对自己积极的肯定评价。研究表明，自尊是个人在与周围的人的接触中，通过了解他人对自己的态度、想象他人对自己的评价，并把它作为客观标准而内化到自己的心理结构的基础上形成的。

辅导教师要多用"你很乐于思考"、"你这道题的回答很有见地"等鼓励性的语言来激励学生。在教育过程中，批评和表扬一样，都要落实到小事上，而不是笼统概括，这样让学生从榜样中学会怎么样来评价自己，也更容易相信教师给予的反馈。

自尊既是一种自我评价，也是一种自我体验。高自尊的人自我提升的动机强，而低自尊的人自我保护的动机占优势。高自尊的人对自己的评价也更稳定，在难度不确定时，他也更容易选择挑战。一个高自尊的中学生会把成功归结于自己的能力，不会因一次失败而动摇对自己的评价。

（四）学会宽容接纳他人

接纳他人、宽容恕人，才能实现接纳自我。一方面，宽容对待他人，可以营造一种良好的人际氛围；另一方面，真正用宽容的心态看待他人，也表明个体能接纳自己，不接纳他人突出表现为挑剔和嫉妒。挑剔是不能接受别人的不好，嫉妒是不能接受别人的好。

挑剔的人以自我为中心，过分关注自身的状态，看问题只从自己的角度出发，比较主观，喜欢以己度人，容易把无关的事情往自己身上联系。不知体谅别人，关心别人。挑剔别人实际上源于自己的控制欲。

嫉妒的产生常常具有"同等性、可比性"的前提。当他人与自己的能力、经历相当，但比自己处于优越地位时，容易产生嫉妒心。法国大文豪巴尔扎克说过："嫉妒者所受的痛苦比任何人遭受的痛苦都大，他自己的不幸和别人的幸福都使他痛苦万分。"

教师可以引导学生，在出现嫉妒心时：一是学会想想自己的优势，消除"别人得到很多，而自己得到很少"的不公平感，或纠正"别人成功是对自己利益的侵犯"的不当观念。二是减轻虚荣心。虚荣心追求的是虚幻的荣誉，是一种扭曲的自尊心。三是加强交往，增进了解。认识到别人取得荣誉是付出了心血和劳动的，这样嫉妒情绪就会降低。

第三节　学习辅导

学习活动是学生的主要活动，完成学习任务、实现学习目标是学生生活的核心内容。学习活动极为强烈地影响着学生知识技能的获取、智力和能力的发展、良好品格和健全人格的形成，对学生能否成长为德才兼备的人才、实现自己的人生理想发挥着直接的，至关重要的作用。

同样，学习与心理健康密切相关，学习的好坏影响着学生的心理。顺利完成学业是学生心理健康的根本保证。因此，对学生进行学习辅导，教会学生学习非常必要。

学习动机是指直接推动学生进行学习的一种内部动力。产生学习动机的基础是学习需要。学习需要是指社会和教育对学生提出的要求在学生头脑中的反映。

从学习需要到学习行为之间有个转化过程。在学校教育中，为了有效地激发学生的学习动机，及时将学生的学习需要转化为学习行为，心理辅导教师首先需要了解当代中学生学习动机的特点，并能在教学过程中创设良好的教学环境，建立和谐的师生关系，设置有趣的教学内容，采用先进的教学方法等，以便激发学生的学习动机。

学习动机的激发是指在一定教学情境下，利用一定的诱因，使已形成的学习需要由潜在状态变为活动状态，形成学习的积极性。下面主要从内部动机的培养与激发和利用外在条件激发学习动机两大方面进行阐述。

一、内部动机的培养与激发

（一）对学生进行归因训练

学业成功与失败是学生在学习活动中经常遇到的，不同的归因倾向会引起不同的期望和情感体验。由此而产生不同的学习行为。因此，辅导教师可对学生进行归因训练，这是激发学生内部学习动机的重要策略。

归因训练的目的是帮助学生建立积极的归因模式，引导学生将成功归因于自身内部因素，这样可使他们体验到成功感和自我效能感，进一步增强其今后承担和完成任务的信心；将失败归因于努力不够等不稳定性因素，则会使学生相信改变未来的失败是可能的，成功的期望会增强。同时，应防止学生将失败归因于能力差、任务太难等稳定且不可控因素，因为这种归因方式会严重挫伤学生的学习积极性和自信心；还应防止学生将成功归因于运气与难度低等外在因素。具体的归因训练方法主要有团体发展法、观察学习法、强化矫正法等。

1. 团体发展法

团体发展法以集体讨论的形式进行，小组成员一般为 3～5 人，训练步骤如下：①由辅导教师向小组成员介绍有关成败归因方式及其在学习活动中作用的知识。②让学生一起分析讨论影响学习成绩的原因，并填写归因量表，要求从一些常见的备选原因中选出与自己学习成绩最有关系的因素，并且对几种主要因素（能力、努力、任务难度、运气等）所起的作用程度作出评定。③辅导教师对其归因和评定及时做出反馈，指出归因误差，对学生正确的归因予以肯定、鼓励，对错误的归因加以纠正，帮助学生建立起积极适当的归因模式。

2. 观察学习法

其训练步骤包括：①让学生观看有关归因训练的录像片。录像片的内容是学生在完成任务后进行归因的情况。片中每当学生做对题目时，就给予纪念品奖励并显示绿灯，并且告诉大家："他做对了，说明他努力做了"；当做错题目时，不给奖励并显示红灯，并且告诉大家："他答错了，还应更加努力，才能做对"。②要求学生在观看录像后重复类似任务，以促使观察学习的效果迁移到自己的行动之中。

应该注意的是，在运用观察学习法时，应使录像片中学生的特征，如性别、年龄、文化背景等，与接受训练的学生尽可能相似，所从事的任务也尽量与受训者的实际学习任务相一致，以提高观察学习的效果。

3. 强化矫正法

强化矫正法德训练步骤包括：①让学生在规定时间内完成不同难度的任务，然后要求学生在事先预备的归因因素中作出选择，对完成任务情况作出归因，填写归因量表。②每当学生作出比较积极的归因时，及时给予鼓励或奖励（即强化），并对那些很少作出积极归因的学生给予暗示和引导，促使他们形成正确的归因倾向。

（二）帮助学生实现自我价值

自我价值理论指出，学生有保护和表现自我价值的需要，这是个人追求成功的内在动力。随着年龄的增长，学习者越来越倾向于将成功视为能力的展现而并非努力的结果。而一旦成功很难实现，学习者就可能改以逃避失败来维持自我价值。

正是因此，一些学生选择各种消极的自我妨碍策略。如不参加考试，力图给别人留下自己没有努力的印象；在考试前扬言自己只要及格就很满足；有的学生在学业中故意拖延或选择任务特别繁重的课程，以逃避反映能力差异的失败；另一些学生会拒绝学习，标榜学习不重要、努力的人都是傻瓜、学业失败是个性的表现……以上种种自我妨碍策略，正是源于学生对失败的恐惧，或理想自我和现实自我的差距过大。

然而，这种防御策略的作用并不长久。最终，借口会失去作用，这时学生对自己的能力会产生更加肯定的怀疑。防御措施的崩溃，学生开始产生更为严重的负面情绪，如愤怒、焦虑、绝望等。

辅导教师应该教给学生一种积极、乐观的看待能力的态度。首先，让学生意识到能力是一种用来解决问题的资源，可以随着知识和经验的增加而增加；其次，让学生知道能力是拥有多个维度、多种形式的，所有的学生都或多或少地拥有不同方面的专长。同时，建议辅导教师对多种能力形式进行奖励，鼓励尽可能多地运用已有的、发展最好的能力，这是加强学生学习愿望的一个途径。另外，教师应努力发现学生的潜在天赋。当学生发现了自我的优势之后，就像获得独特的成功一样，对学习而言是一种持续的激励。

二、利用外在条件，激发学习动机

在采取各种措施激发学生内部动机的同时，辅导教师也可利用外在条件，激发学习动机。

（一）帮助学生认识竞争

一般来说，在竞赛过程中学生的好胜动机和成就需要更加强烈，学习兴趣和克服困难的毅力会大大增强。所以，多数人在竞赛情况下学习和工作的效率会有很大的提高。然而，竞赛有时也具有消极作用，过多的竞赛不仅会失去激励作用，还会造成紧张气氛，加重学生负担，有损学生身心健康。学习成绩差的学生常会因失败而丧失学习信心和兴趣。在某些情况下，竞赛还可能带来人际关系紧张等消极影响。为了使竞赛能对大多数人起到激励的作用，应注意以下几点：

1. 按能力分组竞赛，这样多数学生都有获胜的机会；

2. 按项目分组竞赛，使不同智力、不同兴趣、不同特长的学生都有施展自己才能的机会；

3. 鼓励学生自己和自己竞争，争取这次成绩比上次好，今年成绩比去年好。这样，同样可起到激励作用。

（二）设法促进外部动机的内化

研究发现，利用外在条件来激发学习动机往往具有很大的局限性：外在奖惩设置可能抑制和削弱学生的内部学习动机。习惯了依靠外界奖惩引导自身学习行为的学生，往往在缺乏教师指导的情境中，很难表现出持续的学习行为，他们可能觉得迷惘、不知所措，或者为了享受"脱离约束"的感觉而走向另一个极端。要解决这一问题，关键在于如何促进学生外部学习动机的不断内化和整合。

例如同样是基于外部动机的学习行为，有的学生是因为强制命令而被迫学习，有的学生是因为责任感、内疚感而学习，或者是出于对所学内容价值性、重要性的考虑。源于不同动机的学习行为会造成不同的学习效果和心理健康结果。

例如，学生感觉基础理论非常枯燥，缺乏学习兴趣，教师在激发学生的学习行为时可能采用以下不同策略：

1. "每堂课都会点名和提问，那些表现好的学生在期末成绩中会有加分"；

2. "作为一名学生，认真听课是你们的职责，否则愧对父母师长"或"那些认真学习的孩子才能获得教师的喜欢"；

3. "基础理论的学习对你们未来的个人发展非常重要，它的价值体现在……"；

4. "有些问题困扰了我们每个人很久，例如生命的意义、教育的价值，而各种理论正是前人对这些问题深入思考的产物，让我们一起分享他们的思考过程和结果"。

这几种教学策略引导学生对学习动机的定位分别是：趋利避害、好孩子倾向和责任体验、价值评价、好奇与探索需要。而这几种学习动机之间，存在由外部动机不断内化的过程，而这种内化过程，有助于学生积极学习动机的形成和维持。

如何才能帮助学生内化外部学习动机？自我决定理论指出，教师应该创设能够充分满足学生自主需要、胜任需要和归属需要的学习环境，帮助学生培养自我决定的学习动机。例如，教师可以通过增加课堂中的弹性空间、强调任务的意义和价值、承认并接纳学生学习中的消极情绪等方式，帮助学生更好地接纳那些暂时无法引起他们兴趣的学习任务。

研究者建议教师减少在笔记和课本等教学材料上停留的时间，给学生提供更多自主学习的机会，鼓励学生自发提问，鼓励学生主动表达学习中的情绪，尤其是那些可能妨碍学习兴趣的负面情绪，尽量避免命令、批评，避免强行打断学生的自发探索。

研究发现，在面对枯燥的学习任务时，如果教师能提供更多的关于"为什么学习它"的信息，可以帮助学生理解学习的价值。同时对学生体验到的厌烦、受挫等消极情绪表示理解和接纳，学生也能表现出更持久有效的学习动机。

第四节　人际交往辅导

交往是人类最基本的需要之一。良好的人际关系可以使人产生安全感、归属感和幸福感，得到心理上的慰藉、精神上的愉悦和情感上的满足，从而促进人的身心健康；不良的人际关系则使人感到压抑和紧张、孤独和寂寞，使身心健康受到损害。所以，很有必要对学生进行人际交往辅导。

对人际关系的处理是个体社会化的重要内容。中学生人际关系的优劣与否，是衡量中学生心理是否健康的重要标志之一，也是影响学校教育活动成功与否的重要因素。

在学校，每个学生都是学校群体的一员，个体心理的发展与学习活动，都是在学校群体中一定的人际关系中进行的。中学生人际关系由认知、情感和行为三种心理成分构成。

认知成分反映了学生个体对人际关系状况的认识，是人际关系知觉的结果，也是人际关系形成、发展和改变的前提和基础；情感成分是与人的交往需要相联系的一种体验，反映了个体对交往双方现状的满意程度和亲疏关系，是人际关系的核心要素；行为成分是指交往双方外显的行为表现，如语言、手势、举止、风度、表情等表现个性和传达信息的行为因素，它既是建立人际关系的条件，也是反映人际关系状况的重要依据。

认识、情感、行为这三个要素是相互作用、不可分割的整体，情感是在认知的基础上产生的，认知能唤起情感的发生，也能控制和改变情感的发展，情感又会影响和改变认知，而认知和情感因素都要通过行为表现出来。

一、中学生人际关系的特点

人际关系的形成一方面受一定社会生产关系的制约，社会制度、社会意识形态、社会道德规范等社会因素决定着人际关系的性质，另一方面人际关系的形成与发展也离不开一定的社会群体结构及特定环境。

影响中学生人际关系的最重要因素是特定的交往环境，即学生群体结构，这种群体结构决定了中学生的人际交往对象主要是教师、同学、朋友及家长。当代中学生在这一群体结构中的人际关系呈现出以下特点：

（一）友谊占据十分重要和特殊的地位

友谊是个体在社会化过程中发展起来的一种重要的人际关系，是朋友之间一对一的相互作用过程，是为了避免孤独，满足社会需要，为实现个人价值而建立的较密切的非亲缘的情感关系。

相对小学生而言，友谊在中学生心里占据了十分重要和特殊的地位。小学阶段个体情感上最依恋的是父母，朋友处于相对次要的地位。随着年龄、知识、阅历的增长，生理、心理的发展成熟，这种情感依恋逐步由父母转向了朋友，并日益得以确定和加强。调查表明，中学男生约75%～85%、女生60%～70%都把同龄人作为自己的知心朋友。对500名犯罪青年和500名一般青年的调查中发现：两者结交朋友最多的都是中学时期。

友谊可以为中学生提供社会支持，满足其独特的心理需要。随着成人感的产生，归属感的需要在中学生时期变得更为强烈，一方面中学生独立性迅速发展，家长和教师的影响相对减弱，对同龄人产生依恋感；另一方面，中学生精力充沛，探索欲望强烈，再加上性成熟带来的困惑和不安，使得中学生非常渴望交往，需要友谊。

大量研究发现，中学生时期的友谊对其同伴关系、社会能力和社会适应等都有重要影响。在同伴交往中，中学生往往会以友谊作为交往基础，他们对友谊的认识和理解就是具有共同的兴趣、爱好、性格，强调朋友间的相互理解、信任和忠诚。他们对友谊的重视使同伴交往变得十分单纯，感情也十分真挚。

有关调查表明，在影响初中生交往频率的各项制约因素中，感情融洽排在第一位，占调查人数的59.9%。这种建立在友谊基础上的交往，一旦被破坏，同伴关系也就中断。

有朋友的中学生比没有朋友的中学生具有更强的社会适应能力、更高的合作精神、利他主义、自尊水平等人格特质；没有朋友的中学生更容易体验到孤独感，而有朋友的中学生更容易体验到主观幸福感。友谊关系能使个体更好地适应人生的各种转折。对中学生而言，朋友交往有助于中学生形成自我同一性，避免同一性危机。

（二）小团体现象突出

中学生中"结伙"的小团体现象十分突出，由于空间上容易接近、年龄相当、品行相同等因素的影响，大多数中学生都加入到非正式的小团体中。每个团体都有潜在的规则，只有服从才能被大家接纳，否则就会遭到群体的排斥或大家的鄙视与嘲笑。

中学生时期，个体非常需要同伴的认同和肯定，被团体孤立的痛苦远远大于接受团体规则时的不愉快，因此中学生团体具有塑造人、影响人、约束人的功能，团体成员间有高度的忠诚感。再有，中学生需要优越感，需要被尊重，有些中学生在学习上很难获得优越感，但他们可以在这种小团体中找到成就感，找到被认可的感觉。

中学生正处在自我意识形成的时期，这些团体的经验，会让他形成"我很棒"的印象。中学生需要小团体的存在，他们可以在团体交往中，发展自我意识，并学会怎样与同龄人相处。特别是对于当前许多独生子女来说，这在一定程度上弥补了家中没有兄弟姐妹的缺憾。

但从另一个角度来看，小团体成员之间的关系带有明显的情绪或情感色彩，以个人的喜爱、兴趣、依恋、需要等心理相容为基础，维系的力量来自成员间情趣、利益的一致，或爱好、志向、个性、思想等的相似和相容，所以情感维系和心理凝聚力较强。

由于认知和情感发展方面的局限性，中学生在交友过程中以快乐满足的情感取代了对交友对象、交友性质的客观、冷静、全面分析，由于对团体的高度忠诚，部分中学生容易受"哥们义气"的影响，在小团体的友伴交往中常表现出理智性和原则性水平较低的现象，在学校形成的"小团体"中，只要其中一人有犯罪意识，就容易相互影响，形成共同犯罪。

（三）师生关系有所削弱

中学生不再像小学生那样视教师为至高无上的权威，他们对教师有了新的认识，并有了更高的要求，他们对教师的态度变得富有批判性，教师对学生的影响力减弱，师生关系有所削弱。中学师生关系存在"初二、高二"现象，即初二、高二是师生关系发展的特殊阶段，这两个年级的师生关系和其他年级相比，表现得更不亲密、更多冲突和更多疏远。

（四）易与父母产生隔阂

中学生与父母的交往水平从初一到初二迅速下降，到了高中阶段与父母的关系有所改善。不少中学生都觉得与父母难以沟通，有话宁可与知心朋友讲，也不愿对父母说。无论在价值观念、交友方式、生活习惯，乃至着装打扮等方面，与父母的分歧加大，容易与父母发生摩擦，与父母的心理隔阂不断加剧。

（五）网络虚拟人际关系的建立

随着社会的改革和发展、市场经济的逐步完善，各种新型的人际关系正在形成。由于现代化传媒及通讯手段的普及，对于当代中学生而言，除了校园内的同辈群体可望成为交往对象之外，校园之外的同辈群体甚至是陌生成年人也成为中学生广泛交往的对象，如通过刊物、电台等交友热线相识的笔友，甚至通过网络建立虚拟人际关系。

人际关系社会化的倾向日益突出，这对中学生社会交往能力和社会成熟水平的提高具有重要的意义，但同时由于中学生缺乏自制力和分辨力，也容易导致灰色交往，危害很大。

二、人际交往困境产生的原因

现代中学生难以主动与他人交往，主要出于以下几方面的原因：

（一）对人际交往的认知偏差

认知偏差所导致的人际交往问题主要表现为人际排斥。进入青春期，由于自我意识的发展，"思维的自我中心化"再次出现。受这种思维方式的影响，中学生十分关注自己的内心和外表，同时对周围人对他们的分析和评价表现得非常敏感，特别是对自己容貌和外表的过分关注，就像是一个在舞台上的演员全神贯注于自己的表演一样，过多地以自我为中心，因此容易担心自己被消极评价或者是自认高人一等而不愿与他人主动交往。

一个人如果不能客观地评价自己或他人，就会形成自卑或自负的自我认知偏差。自卑也好，自负也罢，都会直接影响其人际交往状况。

（二）不良个性

20 世纪 90 年代以来，随着社会经济改革的不断深化，我国家庭结构类型发生了较大变化，家庭教育也表现出了许多新情况和新问题。无论在城市还是农村，现在核心家庭占大多数，经济相对独立，家庭成员关系相对简单。子家庭与母家庭之间关系疏离，儿童缺少与更多成人以及其他孩子接触的机会。

正是由于这种疏离，使得孩子丧失了可以培养很多优秀品质的成长机会，比如关心别人、孝敬、合作、分享、与人友好相处等。同时，也正是由于这种疏离，老人或者别的成人家长们不免又会对孩子溺爱娇惯，反而导致孩子养成诸多不良个性，比如骄横、自私等。

这些不良个性伴随孩子进入中学，一些中学生因优越感而自以为是，还有一些中学生自私自利、过分依赖、嫉妒，这些不良个性的背后是脆弱、孤独，难以营造良好的人际关系环境。

（三）缺乏交往技能

一些中学生因缺乏交往技能而导致在人际交往中缺乏信心，害怕无人回应自己的主动交往要求而陷入尴尬境地，因此也不愿主动交往。

因此，对于那些孤僻的中学生，教师要引导其主动交往，不仅要引导他们正视自身个性中的缺点和认知的偏差，而且要教给他们一些社交技能。

三、教导中学生正确的人际观

相对人际关系的建立而言，人际关系的维护是一件比较困难的事，心理辅导教师要教会中学生一些人际交往的技巧，使自己的人际交往不至出问题。

（一）避免争论

日常生活中经常会发生争论，这些争论往往都是以面红耳赤和不愉快的结果而结束的。事实证明，不当的争论不仅不利于问题的解决，而且很可能会恶化人际关系。中学生间的争论往往会演化成直接的人身攻击，使人际关系僵化。因此，解决观点上的不一致的最好途径是讨论、协商，而不是过度争论。

（二）尊重他人意见

卡耐基警告人们：要比别人聪明，却不要告诉别人你比他聪明。每个人都有自我价值保护的倾向，对于威胁自己自我价值的人，人们常有一种本能的强烈排斥情绪。本杰明·富兰克林年轻的时候并不圆滑，但后来却变得富有外交手腕，善于与人应对，因而成了美国驻法大使。他的成功秘诀就是：我不说别人的坏话，只说别人的好处。要学会尊重他人意见，用提醒而非指责的方式，使别人感到我们并不认为他愚蠢或无知，和他一起保护他的自我价值感。

（三）勇于承认自己的错误

承认自己的错误，等于变相地保护了对方的自我价值感。根据人际交往的交换原则，对方也会以保护你的自我价值感作为回报。于是在生活中，我们常常可以看到，当某人承认了自己的错误后，人们会显示出超乎寻常的容忍度，从而有利于维持人际关系的稳定。

（四）善于倾听，真诚表达

学会倾听也是维持良好人际关系的一个重要技巧，当人们遇到困难时，往往最需要的是一个可以倾诉的对象。作为一个好的倾听者，首先应关注对方，不到不得已时，决不要自作聪明地批评别人。但是，有时善意的批评，也是对别人行为的很有必要的一种反馈方式。因此，学会批评还是很有必要的，而批评的前提是真诚表达。

四、教会中学生解决人际冲突

人际冲突是社会生活的客观存在，只要有人的地方，就会有人际冲突。因此，像学校、班级这种人员集中的地方，不可避免地存在人际冲突。人际冲突是未成年人健康成长中不可忽视的问题，建设性地处理人际冲突可以使学生学会和谐相处，使冲突双方通过冷静的思考，把各自的认识和态度说出来；同时，使学生学会积极体悟对方的特定文化背景和心理背景下的真实意图和愿望，达到有效的沟通，从而为今后良好的关系确立新的起点。所以，辅导教师要帮助学生，引导学生全面分析冲突，辩证地看待冲突。

（一）开展冲突教育

冲突教育是致力于学生人际方面的教育，是促其生命和谐的教育，它旨在培养学生乐观向上的生活态度，培养健全的人格品质。因此，冲突教育是现代教育不可忽视的内容，是渗透人性关怀的生命教育。

冲突教育可从两方面展开：一是自我情绪管理训练，二是冲突处理训练。原则是把解决冲突的主动权交给学生，让学生在解决冲突的过程中历练人格品行。通过控制消极情绪，减轻心理压力，训练并建构冲突平衡机制；正确认识人际冲突，培养非暴力倾向，实现自我情绪管理，预防冲突产生。

有效的冲突处理训练是中学生的必修技巧，此技巧包括：

1. 客观了解冲突的来源，包含冲突对象、冲突事件和引起冲突的主要原因。

2. 具体地描述冲突，并向别人请教自己的观念是否客观，必要时对冲突进行重新评估。

3. 了解自己的冲突处理模式及可能结果，提出可能的解决冲突的办法并评价这些办法，筛选出对双方都有益的最佳办法。

4. 使用冲突的现场处理技术，包含暂停对话、暂停接触、身心放松、正面想法、信仰资源（如祷告、默想等）。

5. 学习有效解决人际冲突的技巧，如角色逆转，即使用角色扮演的技巧，将冲突双方所抱持的意见或观点加以对换。

（二）寻求他人的协助

现实生活中，由于双方裂痕太大，凭借个人的能力有时候无法解决这些冲突，这时候往往可以求助于中间人来调解。利用中间人进行调解以解决人际冲突是人们经常用到的方法。对于中学生来说，处理同学之间、亲子之间的人际冲突，最合适的中间人往往是教师，因为一位让学生尊重的教师往往看问题比较成熟客观，而且教师的身份是冲突双方都能够接受的。中间人是解决人际冲突的润滑剂。

伴随升学竞争压力的加大，父母对孩子施加的学习压力使得学生天性受到禁锢，产生强烈的逆反心理，轻则对家长敷衍、冷战、顶撞，重则出走、犯罪、自杀，学生与父母的冲突也很普遍。

许多案例表明当家长与孩子不能自行化解冲突时，教师是最合适的"纠纷调节者"。这种冲突教育需要技巧，更需要真诚。当孩子与家长发生冲突不能化解时，教师往往就是最有说服力和最具权威性的第三者。

（三）自我肯定的行为表达

自我肯定是一种以合乎情理的方式为自己挺身而出的行为。它是在尊重他人权利、维护他人尊严的基础上，伸张自己的权利。在自己受到不公正对待、尊严受到挑战，或者自己的合法利益面临威胁的时候，我们需要以自我肯定的方式来面对。

自我肯定行为的特点是让别人清楚地知道自己的想法和感受；避免质问式的、威胁的、批评的或者独断式的用词；保持目光接触及坚定的身体姿态；维持平和而坚决的声调，避免支支吾吾；要在内心给自己打气，相信自己的行为是正当的。

不论对方采用何种方式试图让自己放弃或者激怒自己，我们都应该不为所动，而只需保持平和而坚定的态度，表达清楚而恰当的内容。

当然，自我肯定行为也不一定总是能达到目标。有些人会错把自我肯定行为当成攻击行为而做出反应。不过总的来说，自我肯定行为是一种建设性的、平等的处理困境的方式。

（四）批评与接受批评

当别人做出错误的举动时，我们要指出或者给予批评以助其改进。反之亦然，当我们做错事情的时候，我们也希望别人能够给我们指出来，让自己有机会做得更好。批评有时显得比表扬更珍贵，更有助于我们的进步。但由于无论是批评别人还是接受批评，都是在表达或接受一种否定，这会让自己和对方都感到不舒服。尤其是表达不好的时候，批评和接受批评都可能伤及感情。

第五节　性心理以及情感辅导

我们在前面已经介绍过中学生的青春期特点，其中一项就是性生理与性心理的成熟，伴随而来的是学生的情感变化。如何适应这种变化，并良好发展，是中学心理辅导的一个重要内容。

一、正确的异性交往的辅导

中学生的异性交往是实现个体社会化过程中必不可少的途径。只有学会与异性健康交往，才会形成良好人际关系，保证学习、生活的正常进行。因此，指导中学生培养异性交往能力和积累异性交往经验，为其步入社会做好准备，是十分必要的。

国内外研究表明，异性交往对中学生的成长与发展具有积极的功能，主要表现在以下几个方面。

（一）促进中学生同一感的发展

心理学家埃里克森认为，中学生阶段的关键任务是发展同一感。在青春期的初始阶段，中学生就通过与母亲、父亲、同性朋友、异性朋友和其他人的关系而形成对于自我的感知，并且这种感知作为一种自我展示的社会化功能不断发展。异性交往有利于中学生建立清晰的自我感知。

与异性交往比较积极、健康的中学生，相对于那些与异性交往不成功的中学生，对于自身的交往能力有更清晰的感知，并且具有更强的自信。异性交往及其自我概念还能够影响个体的自我价值感。因为在与异性交往过程中形成的自我概念与众多其他自我概念相关，这些不同方面的自我概念综合决定了个体的自我价值感。

此外，异性交往对自我表现、道德价值、合法的同一感选择、职业准备以及一系列社会角色（比如性别角色）的发展都有很大影响。

（二）增进中学生的心理健康

异性交往可以满足中学生的心理需求，从而达到心理平衡；而缺乏异性交往会导致适应不良，可能引起性心理扭曲、性变态等问题。如今的中学生多为独生子女，从小与异性接触很少，进入青春期后，就很可能出现对异性的特殊敏感，在与异性交往中容易遇到困难，甚至可能成为社交恐怖或性心理变态的隐患，而正常的异性交往则会消除这种不健康的心理。

中学生异性交往有利于个性的完善，中学生在交往中能够自动发现性格弱点，并以对方为参照加以改善，从而使自己的个性更加完善。交往如果仅限于同性，人心理的发展往往是狭隘的，多方面的交往才会使自己的个性更加丰富。

（三）增进中学生间的友谊，为日后获得成熟爱情奠定基础

健康的异性交往，扩大了中学生的交友范围，使他们友谊的发展不再仅仅局限于同性同学的狭小圈子。同时，中学生通过异性交往，从对方身上学到的优点又能够迁移到他们与同性同学的交往过程中。因此，异性交往对于发展中学生友谊的广度和深度有着十分重要的作用。

通过与异性同学的交往，积累与异性健康交往的经验，可以使青少年逐渐学会进行比较与鉴别，掌握友谊与爱情的区别，从而更稳妥地把握自己的情感，也会促使他们将来更认真地择偶，为以后完满的婚姻生活做好准备。

（四）促进中学生的社会性发展

与异性同伴的良好关系有助于中学生获得熟练成功的社交技巧；良好的异性同伴关系能使中学生具有安全感和归属感，有利于情绪的社会

化，有利于培养中学生对环境进行积极探索的精神。此外，良好的异性同伴关系还有利于中学生社会价值的获得。

（五）对中学生心理和行为的多方面的积极影响

如带来稳定感，享受欢乐时光，获得与他人友好相处的经验，发展宽容大度和理解力，提供了解异性的经验，培养诚实的道德观等。许多相关研究结果都揭示了异性交往对于青春期学生成长的巨大推动和促进作用。

二、营造正常交往的氛围

当前，学校内外仍缺乏异性交往的良性环境，人们对中学生的异性交往抱有成见，加上行为无法规范、交往场地少、形式单一，使一些学生到校外另辟蹊径。而校外公共场合鱼龙混杂，极不利于健康向上的异性交往。因此，营造中学生正常交往的适当氛围非常有必要。

（一）营造集体教育的氛围

丰富多彩的文体活动，可以缓释中学生的能量，满足他们渴望交流的心理需求。一般说来，男女生在集体活动中都有表现自我的欲求，这是正常的，教师要善于把这种表现欲的正面效应充分利用起来。

如安排公益劳动时，分成男女生小组开展劳动竞赛，或者把轻重任务分开，让男女生各展所长，或者让他分别担负检查对方的责任，这样可以改变学生交往单一的闭锁状态，充分发挥他们的才能。

另外，也可以开展"在人生起跑线上"、"怎样看待异性之间的友情"等主题班会，引导学生自辨是非，在集体氛围中达到自我教育的目的。

（二）指导获得相关的技巧

健康与不健康的异性交往的区别主要在于是否把握好了两性交往的尺度，健康和谐的中学生异性交往要防止"过"与"不及"。首先要注意的是端正态度，培养健康的交往意识，淡化双方性别的意识。思无邪，交往时自然就会落落大方，心静如水。

另外就是坚持"三宜三不宜"原则——宜泛不宜专、宜短不宜长、宜浅不宜深。广泛交往有利于了解认识更多禀赋、气质不一的异性，对异性有一个整体把握，并学会辨别异性；如果只进行个别接触，难免"只见树木，不见森林"，对异性的了解不但有限，可能还会失之偏颇。两个异性同学间的交往时间不宜过长，以避免日久生情，难以自拔。男女同学有性别之差，人的一些潜意识往往在与异性的交往中被发掘出来。过于频繁地与异性交往会唤起人的热情，激起人的冲动，所以男女同学的交往频率要低一些，疏而不远，若即若离，把握好交往的心理距离，控制让彼此感到过于亲密和引起心绪波动的接触。

（三）家长和教师要把握好个别教育的尺度

广大家长和教师要摆正心态和认识，不要对中学生异性交往过度敏感，草木皆兵。对中学生恋爱不适宜的渲染和说教反而会激起学生的尝试心理。要在一种开放的氛围中来洞察和掌握中学生的异性交往情况。

与中学生进行个别交流时，要注意把握尺度，要有良好的期待心理。有专家发现，女孩子最容易堕入情网的年龄是13～14岁，男孩子则是14～16岁，因此家长和教师在此方面一定要进行引导。作为教师，不仅要善于观察学生的言行，还要善于洞察学生的内心世界，找出"症结"所在，对症下药。作为家长，要时时刻刻关注子女的思想，注重家校合作，使家庭教育和学校教育拧成一股合力，共同研究出疏导和转化不良异性交往的最佳方案，以促进中学生异性交往的良性发展。

（四）加强对中学生的爱情教育和性健康教育

加强对中学生的性健康教育。完整的性教育包括了性生理、性心理和性道德三个方面，缺一不可。通过性健康教育，使中学生正视自己的生理和心理变化，学会自我保护、自我克制。

　　爱情作为人的内心世界中一种圣洁的情感，是不能排除在"人的发展"这一教育论题之外的。当个人意识到爱情的神圣和责任时，就会以审慎的态度去对待自己的欲望，用理性去护卫心中的那份美好。爱情教育远比性教育重要，因为道德教育的力量远超出生物利己主义的约束力。

第六节　职业心理辅导

职业是人生的基石，是实现人生价值的必由之路。选择职业是人生的一件大事。职业理想给学生以巨大的激励力量，它能最大限度地调动学生的积极性，把其智慧、意志和能力组成最佳系统，使其潜能得到最大的发挥。

有合理而恰当的职业理想的学生，为了理想努力奋斗，刻苦学习有关的专业知识和培养相应的专业技能并发展相应的能力，在奋斗中体验着成功的乐趣和寻找到自我的价值，生活得充实、快乐、健康；缺乏职业理想的学生，生活得没有目标，没有激情，看不到希望，也体验不到自尊和自信，容易陷入迷茫和消沉，也容易影响其心理健康。

职业理想过高或职业理想不切合自己实际的人，在生活中会处处碰壁，容易体验到挫折和焦虑，从而引发各种精神疾病。所以，我们要对学生进行职业生涯规划辅导。

对学生进行职业生涯辅导，首先要帮助学生了解自己的职业兴趣、能力倾向、职业价值观；其次要带领学生参观不同职业的工作场地，让他们与工作人员座谈，了解各种职业的任务及对职工的要求。这样，学生会逐渐形成自己的职业理想，并在职业理想的激励下努力学习。

一、职业辅导的涵义及其发展

职业辅导起源于美国 20 世纪初叶。帕森斯被公认是美国现代职业辅导运动的创始者。1909 年，帕森斯的《选择职业》一书出版，第一次系统阐述了科学的职业选择理论，即特质因素理论，这个理论对今天的职业辅导仍具有现实的指导意义。书中提出了职业辅导的三项原则：①对自己的了解：了解个人的智力、兴趣、态度和缺陷；②对各种职业成功的知识的了解：提供有关工作上所需的态度、教育、训练、进度和报酬等资料；③以上两方面条件的完美匹配。这三项原则成为日后职业辅导观念的基础。

1912 年后，许多心理学家在美国职业辅导协会的协助下开始研讨职业辅导的涵义。到了 1973 年，美国职业辅导协会正式修订为："职业辅导是帮助个人选择职业、准备就业、安置就业，并在职业上获得成功的过程。它以帮助个体决定并选择适合自己的职业为条件"。台湾学者杨朝祥对职业辅导下的定义为"帮助个人选择职业、准备职业技能、进入某种职业，以及在相应职业上求发展的过程，它是综合性的，激发个人发展的过程"。

随着职业辅导理论的快速发展，不少学者也在不断赋予职业辅导新的定义。舒伯就以自我心理学的观点指出：职业辅导即协助个人发展并接受统整的自我形象，同时发展适当的职业角色形象，使个人在现实世界中经受考验，并转化为实际的实施（职业），以满足个人的需要，同时造福社会。这一定义以个人发展为着眼点，将自我与职业融为一体，指出个体有发挥个人才能的机会，同时也能配合社会的需要与利益。舒伯的观点代表了职业辅导新理念的诞生，那就是"生涯发展"的理论。

目前大多数学者所接受的生涯定义来自于舒伯的论点：生涯是生活中各种事件的演进方向和历程，它统合了人一生中的各种职业和生活角色，由此表现出个人独特的自我发展形态。

随着生涯理论的不断发展，"生涯教育"应运而生。1971 年 5 月美国教育总署对生涯教育下了定义：生涯教育是一种综合性的教育计划，其重点放在人的全部生涯，即从幼儿园到成年，按照生涯认知、生涯探索、生涯定向、生涯准备、生涯熟练等步骤，逐一实施，使学生获得谋生技能，并建立个人的生活形态。

二、职业辅导的具体内容

现代的职业辅导通常包括择业与升学中的信息服务、报考咨询、能力测试、求职训练及与不同中专、大专学校与其他用人部门的联络。作为职业辅导教师，其职责除了为个别学生提供具体的求职信息与职业资料外，更重要的是要开展各种各样的职业教育活动，以协助学生通过择业与求职活动来充分地了解自我，发展自我，建立健康的职业自我形象，在社会中扮演有意义的角色。

从我国学生的总体来看，职业辅导的内容主要是以下五个方面：

（一）自我认知。让学生了解自己的能力倾向、兴趣、价值观、期望等，并使学生能发展自我方面的知识。

（二）职业认知。让学生接触不同的职业领域，发掘较适合个人的职业。帮助学生了解不同工作的本质及其对社会的贡献和重要性，了解不同工作对工作者能力、性别等方面的要求。

（三）经济认知。使学生了解人、经济、生活形态与就业的关系。

（四）作决定。协助学生将个人的抉择与个人的目标相配合，兼顾社会和个人自身的需求，能够合理、负责任地作出选择，并能采取必要的行动。在选择的过程中，让学生的择业决定充分利用个人的资源，获得最大的利益。

（五）就业技巧。对个人的特质及学习能力做出正确的概述，并能在求职或升学的面谈中恰如其分地表现出来。

三、职业选择的心理过程

从生涯发展的角度来说，职业行为不只是长大成人后才有的，而是个人生活中的一个连续的、长期的发展过程。金斯伯格认为，个体童年时期就开始孕育职业选择的萌芽，随着年龄、资历、教育等因素的变化，个体的职业选择也会表现出不同的特征。职业发展如同人的身心发展一样，可以分为几个阶段，每个阶段都有不同的特点和任务。他将职业选择的心理过程分为三个阶段：

空想阶段（11 岁以前），在这个阶段个体希望快点长大成人，憧憬引人注目、令人激动的理想化职业。这种想法情感色彩很浓，带有很大的冲动性和盲目性，十分不稳定。

尝试阶段（11 岁至 17 岁），这个阶段与青春期同时到来。学生开始思考今后的职业和自己所面临的任务，并把这个任务作为奋斗的目标。这个阶段有包括兴趣、能力、价值观起主导作用的三个时期。十一二岁是兴趣期，在考虑未来职业时，兴趣占优势；十三四岁为能力期，随着成熟，逐渐认识到自己独立完成工作的能力与职业的关系；其后是价值期，个体开始认识到职业的社会价值，并试图把兴趣与能力统一到开始形成的价值体系中去。这是职业目标形成的最重要阶段。

现实阶段（17 岁至成人），如果说上一阶段还是主观因素占主导地位，那么这一阶段则更注重现实，力求主观因素与客观因素协调统一。这个阶段也可分为三个时期。首先是探索期，个体尝试把自己的选择与社会的需要联系起来；接下来是具体化时期，这时职业目标已基本确定，个体开始为之努力；最后是特定化时期，为了实现特定的职业选择，个体准备考入高一级学校，或接受专业训练，准备就业。

根据金斯伯格的职业阶段理论，中学生学生职业辅导的实施应根据不同年龄阶段的不同特点有针对性地实施。

四、中学阶段职业辅导的实施

在小学阶段，学生对职业的心理活动主要表现为认知和幻想，在初中阶段则以探索和计划为主。因为随着认知发展的成熟及经验的增加，初中生有能力将幻想的事物落实到实际生活环境中。所以初中阶段职业生涯辅导的重点为：职业探索及职业计划。尤其对初二面临分流的同学，要实施升学与择业的辅导。不同年级的实施内容有所不同。

（一）初一年级

主要目的是使学生了解社会上人们工作的模式。实施方法可参考以下方式：

1. 让学生带着"你的职业是什么"，"你做哪些工作"等问题询问邻居或亲戚等工作者，每位学生至少要收集三位工作者对上述问题所作的答复。

2. 辅导教师整理归纳上述有关资料，然后一一呈现给学生，让他们明了社会上有哪些职业，每种职业具体做些什么。

3. 将学生分组，每组就其感兴趣的职业收集有关资料，例如该职业的工作性质、所需的学历、特殊技能、工作时间、工作对象等。

4. 辅导教师针对各组所提的职业，在他们收集资料的基础上加以补充，并回答学生不了解或想知道的工作内容，让学生对各种不同职业的工作性质等有更实际的体验。

（二）初二年级

主要目的是让学生了解不同类型的职业。

1. 向学生介绍职业分类情况，并让学生了解某一类职业包括哪些相关的岗位。

2. 邀请实际工作者与学生一起座谈，让学生了解他们是如何获得此类职业的，此类职业大致所需的相同条件和不同条件各是什么。

3. 让学生了解什么是兴趣，并接触多种实际工作，以了解这些工作是否适合个人的兴趣；另外让学生了解各种工作所需的技能是什么，通过实际工作者的经验传授，知道该如何去学这些技能。

（三）初三年级

主要目标是尽可能多地了解各种就业市场，并指导如何就业。

1. 将学生分组，并轮流参观工厂、公司等，然后将参观的心得报告出来，以得到教师的评价。

2. 辅导教师介绍各种职业训练中心所举办的各种职业训练内容，

并带领学生实地参观、讨论。

3. 邀请实际工作者谈如何寻找工作机会，就业前和就业后各需要什么心理准备。

4. 介绍职业学校或高等院校的各种专业，让学生了解从各学校毕业后就业的可能范围。

（四）高中阶段

高中教育是许多即将就业学生的"终极教育"，但也是许多想继续升学的学生的"预备教育"，故具有多种教育功能。在这个青年前期迈向青年后期的过渡阶段，对未来的选择是这阶段的学生生活的主要内容。

因此，高中阶段职业生涯辅导的内容很广，须根据个人的需要、已准备就绪的程度、个人的动机、目标方向来进行，其重点为：帮助学生对较特定的职业目标有较多了解；对比较特定的职业生涯目标、发展做出较详尽的计划；对一些比较确定的职业，帮助学生选修一些适当课程，或参加在职训练或继续升学追求更高层次的训练，以实行其计划。

1. 通过适当的测验和咨询使学生了解个人的潜能、智力、兴趣、人格特质，帮助学生认识自我。

2. 通过实地考察或经验介绍帮助学生对工作发展前景、就业与职业训练资源，以及工作机会等有更深刻的认识和体会。

3. 通过专业人员的辅导，使学生确认自我的工作价值观，认识工作和职业对个人发展的重要性，了解自我的价值体系，形成较正确且符合社会主流价值体系的职业观念。

4. 通过咨询辅导，帮助学生评估环境因素，对现阶段政治、经济、劳动条件、社会与文化因素能有较深入的了解。

第四章　心理辅导采用的方法

　　　　心理辅导教师要有效地开展工作，对心理诊断、心理测量、心理治疗中的方法进行了解是非常必要的。虽然说其中有些方法可能并不会在对中学生进行心理辅导的过程中用到，但通过对广义上的心理辅导方法的熟悉，能够从一个较高的角度来看待心理辅导的过程，反过来会有益于做好中学生的心理辅导工作。心理辅导教师要根据中学生的特点，结合实际工作情况，来选择适合自己的方法。

第一节　心理诊断的观察法

对学生进行心理辅导，很重要的一个工作就是先进行心理诊断，通过诊断能够体察学生的问题所在。诊断学生心理的方法有观察法、个案法和访谈法等几种方法。本节介绍观察法，在接下来的两节里再介绍后两种方法。

一、观察法的种类

观察法是诊断者通过感觉器官或借助仪器，在自然条件下，对学生言语、表情、态度和行为进行有目的、有计划、系统的观察，并作出具体和翔实的记录，获取正确而全面的资料，进而对学生某方面心理与行为的状况进行诊断的一种基本方法。

观察法可以从不同角度划分出不同的种类。

（一）直接观察法与间接观察法

从观察时诊断者是否借助于仪器来划分，可分为直接观察法与间接观察法。

直接观察法是指诊断者不用任何仪器，只凭自己的感觉器官所进行的观察。如随堂听课，查看学生作业，边听、边看、边做记录。

直接观察法的特点是身临其境、感受真切，给诊断者留下具体、生动和完整的印象。但是，直接观察法明显受到人体自然器官的限制，被观察的言行不可能被完整的保存下来。同时由于诊断者各自的素质和条件的差异，各人的感受也不尽一致，故所得到的资料可能比较粗糙，且无法作重复观察。

间接观察法是指诊断者借助仪器设备进行的观察。如通过闭路电视、观察屏或设置专门的观察室用仪器进行观察。间接观察法克服了直接观察法的不足，有助于做到诊断者的观察不影响被诊断者的活动，可避免因诊断者出现在现场而影响被诊断者的行为，导致观察到的言行与常态发生偏差。再者，间接观察所获得的记录资料可以使诊断者反复观察，从而更全面地掌握被诊断者的资料，保证心理诊断分析上的客观性和准确性。

（二）有结构观察和无结构观察

根据观察时诊断者是否事前设计观察提纲和程序，观察法可分为有结构观察和无结构观察。

有结构观察对于观察的内容、程序、记录方法都进行了事前比较细致的设计和考虑，观察时基本上按照设计的步骤进行，观察的记录结果适于进行定量化的处理。

无结构观察在事先没有严格的设计，比较灵活、机动，能够抓住观察过程中发现的现象而不受设计的框框的限制，但是难以进行定量化处理。

一般在诊断的初期，主要使用无结构观察，以便发现某方面的心理与行为现象，帮助确定主题和观察方法与项目；而在诊断的后期，为了深入对某方面的心理与行为问题进行观察分析，需设计和使用有结构观察。

（三）参与性观察法与非参与性观察法

根据观察时诊断者是否参与观察对象的活动，观察法可分为参与性观察法与非参与性观察法。

参与性观察法是指诊断者通过参与学生的活动而达到观察目的的方法。如要观察某学生在课外兴趣小组的活动情况，诊断者就可以与兴趣小组的同学们一起活动，边活动、边交谈、边观察。诊断者采取参与性观察法可以亲自体验作为某种活动的参加者所得到的内心感受，更真切地领会、理解某种活动言行的内在价值与吸引力，发现非参与性观察所不可能发现的问题。但是。诊断者应把握好参与的尺度，要客观而不是主观或者带有偏见地去进行观察。

而非参与性观察法是以不介入被诊断者正常活动为原则的观察法。这种观察要求诊断者只作客观观察。为了达到严格意义上的不参与，诊断者可用不出现在活动现场而进行观察的方法，如同间接观察法。如果诊断者必须在现场观察，又想不影响被诊断者的活动，可采取在正式观察前双方就开始接触，直到被诊断者已习惯于诊断者在场的情况下正常进行活动后，再开始作正式观察。

采用非参与性观察后，主要是为了观察到被诊断者在自然条件下发生的各种心理与行为表现，以提高观察资料和结论的可靠性。

（四）定期观察法与追踪观察法

根据观察途径的不同，观察法可分为定期观察法与追踪观察法。

定期观察法是专门观察和记录在特定时间内所发生的现象和过程的一种方法。例如，进行学生攻击行为的观察。在校内就可选择课间、午休和课外活动时间进行观察，统计和记录这些抽样时间里学生攻击行为各种表现形式，从而作出分析判断。

而追踪观察法则是一种长期地、系统地、连续不断地观察学生某种心理与行为的产生和发展过程的方法。观察的目的在于获得观察对象某方面心理与行为发展变化过程的材料，以便揭示其发展变化的特点规律。如对学习困难学生原因的观察，就需要确定一段较长的时间，对学习困难学生的学习态度、学习方法、思想情绪及其他环境因素的影响等进行系统全面的观察和记录，从而获得学习困难学生的各种心理与行为表现和真实原因，为确定学习困难学生辅导和咨询的方法与途径提供可靠的依据。

二、观察法的实施

观察法的实施有如下几步：

（一）做好观察准备

观察准备包括明确观察目的、制订观察计划、做好物质准备三项内容。

1. 明确观察目的。日常生活中的观察通常是随意的，而心理诊断的观察却是在明确目的指导下进行的。人不可能看到一切，他只能看到他想看到和能引起他注意的东西。因此，运用观察法必须事先确定具体的、可观测的目标，知道要观察什么，不必观察什么，需要获得什么材料，弄清什么问题。从而确定观察范围，选定观察重点，拟订观察步骤。

2. 制订观察计划。在确定观察目的、内容和重点之后，就应制订切实可行的观察计划，使观察有计划、有步骤、全面系统地进行。观察计划一般应包括以下内容：明确观察目的、观察对象，观察的重点和范围；拟订观察提纲，列出所需材料的纲目；确定观察方法和步骤，选择观察的方法、途径，安排观察的时间、次数、位置与进程；选定观察仪器；设计观察记录表格；列出为保持观察对象常态的有关规定及应变措施等。

3. 做好物质准备。包括准备好观察时需要借助的仪器，印制观察记录表格，以便有条理地准确记录观察到的现象。

（二）进行实际观察

在进行实际观察的过程中，应严格执行观察计划，不能随意改变观察的重点或超出原定的观察范围，偏离原定的观察目的。如果原定计划不妥，或观察现象有所变化，则应按计划中的应变措施或实际的变化情况修正观察，妥善完成原定任务。一般可采取以下途径进行有效的观察：

1. 听课。这是最基本、最常用的观察形式。

2. 参观。这也是一种较常用的观察形式。

3. 参加活动。包括各种内容、各种层次、各种形式的集体活动。这是最丰富、最广泛的观察形式。

4. 个别谈话、召开座谈会、列席会议等其他方式进行的观察。诊断者要采取积极的态度，主动同被诊断者建立良好和谐的关系，使被诊断者保持正常状态。同时，选择最佳观察位置，集中注意力，记录重点，排除无关现象的干扰。

（三）记录整理观察材料

实施观察要及时做好记录。一般的记录方法有：

1. 等级法。诊断者可以根据研究目的对所观察的对象划分等级。比如，观察学生在集体活动中的合群性表现时，可分为优秀、良好、一般、较差四个等级，并可在事先备好的表格中按等级画圈，以示区别。

2. 频率法。诊断者事先将规定好要观察的对象和观察的项目制成表格。一旦某种现象出现，就在表格的相应框格内打上记号，以记录出现的频率次数。

3. 连续记录法。诊断者可使用笔记对观察现场作连续观察记录，也可使用录音机、摄影机、摄像机等视听工具将观察现场连续录下，以备此后记录在册。

对观察记录的各种材料要及时整理，对大量分散材料要利用统计技术进行汇总加工，删去错误材料，并对典型材料进行分析。如有遗漏，应及时补正。对反映特别状况的材料要另作处理，直至最后写出观察报告。

观察法虽有许多优点，但也有其局限性。主要表现在：观察法本身的特点，决定了它主要用于对被诊断者外部现象和外部联系的直接认识。不宜于用在对问题的内在核心或事物之间内在联系方面。

由于观察手段的局限以及观察法常常需要持续较长的时间，所以在大规模、大范围的团体诊断中，一般不采用观察法为主要方法。

观察者对所获材料的解释，也往往容易受观察水平的制约，而带上主观色彩。因此，诊断者在运用观察法进行诊断时，应注意克服观察法的局限与不足，及时选用其他方法予以弥补。在实际应用中，观察法常常是与其他方法一起使用的。

第二节　心理诊断的个案法

个案法是依靠详尽搜集学生的家庭历史、社会关系、个人的成长史、作业成就和智力表现等有关现实和历史的资料，通过系统整理，综合分析，逐步对学生的心理活动状况和发展变化过程及其原因作出分析和判断的一种方法。其任务是揭示学生的心理活动状况与行为形成、变化的特点和规律，诊断影响个案发展变化的各种因素，确定相应的辅导干预对策。

一、个案法的特点

个案法可对一个人的心理发展状况进行较系统全面的诊断，也可对一个人某一心理侧面的发展进行诊断，或者对某几个人同一心理侧面进行诊断。故个案法是对个体最直接、最简单的一种心理调查诊断方法，具有以下突出的特点。

（一）个别性

诊断对象往往是个别的人、事件、团体，这种对象具有单一性、具体性的特点。但通过对个别案例的诊断研究往往可以揭示具有普遍意义的规律。如学校中评选差生，贴标签的做法会挫伤学生积极性，损害自尊心，不利于发扬优点、克服缺点。

（二）针对性

任何个案诊断目的都是针对个案，通过发现个案存在的心理与行为问题并探索形成问题的根源，以便更好地有针对性地进行矫正，促进其成长和进步。

（三）典型性

诊断通常是对个案心理与行为的典型特征作的全面而深入的考察与分析。

（四）深入性

即对个案多方位、多维度、多层面的诊断分析。从空间上说，它要诊断个案生活环境的一切因素如学校、家庭、社会的因素；从时间上说，它要分析个案的过去、现在和将来。可以静态分析，也可以动态分析。分析越透彻，越全面，针对性越强，诊断的结论越客观准确。

（五）综合性

个案诊断往往要综合运用多种方法配合进行，如测试学生智力和人格用测量法，了解其行为表现用观察法，了解其成长环境用调查法，等等。

二、个案法的实施步骤

实施个案法可以有如下几个步骤：

（一）立案

即认识了解对象确立个案。

（二）计划准备

根据学生自己、家长、班主任、教师等介绍、档案材料（学生作业、日记、作品、书信、绘画）与初步观察所发现的问题制订个案诊断计划。

（三）收集个案资料

个案研究依赖于收集详尽的相关资料，否则难以得出准确的结论。收集个案资料需通过各种渠道，采取不同的方式，来搜集个案各方面的具体表现，重点了解他们对社会、学习、劳动以及对人对己的态度与行为方式，并做好记录，形成个案研究资料。

个案资料涉及的内容十分丰富。就个体个案研究来说，其内容主要包括：

1. 研究对象的基本情况，如个人的姓名、年龄、性别、民族，所在学校和班级，所在班级同学的总体情况（年龄分布、性别比例等）；

2. 个体身体健康资料，如既往病史、药物过敏史等；

3. 个体成长及心理发展资料，如母亲妊娠、生产情况，出生后的发育情况，个性心理特征、行为习惯等；

4. 个体家庭背景资料，如父母的姓名、年龄、职业、文化程度、健康状况，家庭经济状况及居住环境，父母的教养方式，亲子关系，家庭中的重大生活事件，家庭病史等；

5. 个体当前心理表现或心理问题资料，如目前有无心理异常、出现的心理问题性质、程度、主要症状、表现特征、发生的环境和背景情况及主要诱因、发展变化情况等等。

个案资料的来源渠道与收集方式多种多样。个案资料的来源十分广泛，可以来自于对被诊者本身的观察、调查或者被诊者自己提供，也可以来自于与被诊者相关的人。如对多动症儿童的个案诊断，可以向被诊者本人收集相关资料，也可以通过对被诊者相应的观察、调查谈话等获得资料，还可以向与被诊者相关的亲人同伴或机构索取材料，如儿童的家长、老师、同伴、学校等等。收集的个案资料一般可概括为两类，即主体和客体资料。前者指个案的自传日记、写给别人的信件、著作等；后者指个人档案，社团或学校、机关的记录，照片，录音，登记表格以及同学、同事等人提供的证明材料。

收集资料的方式很多，如观察、测量、问卷、访谈、查阅个案一切文字记录等。

不论从何渠道，采用何种方式收集资料，收集的个案资料都要做到客观、公正、全面、深刻。个案记录要描写细致、内容丰富、重点突出、叙述准确、文字精练、符合逻辑。要避免使用专门术语。

（四）整理分析资料

对大量资料进行精细的整理和分析，就是对所搜集的资料加以去粗取精、去伪存真、由此及彼、由表及里的分析，从中获取有价值的材料，探究某一特殊心理与行为的原因，揭示出个案的外在现象与内在本质间存在的必然的因果联系。

个案资料的记录整理要分门别类，简洁清晰，一般可采用表格来处理。如个人谈话记录表和个案资料袋都是记载和整理个案资料的简便形式。

个案资料的分析要全面深入。面对收集到的丰富而详细的资料，如何进行分析，从哪些方面分析，直接影响研究的质量。一般而言，分析个案资料可主要从以下两个维度进行：从客观上分析，主要是了解教育、家庭、社会环境等与个体的生理心理特点以及学生的成长、发展存在哪些相适应或不适应的地方，并找出它们的矛盾的关键所在。二是现状——过程——背景维度。现状——过程——背景维度分析主要从个案当前的发展现状和水平来分析个案心理与行为的形成和发展过程与现有水平的动态关系，进一步分析个案心理与行为发生的背景因素，以此来了解个案发展变化的基本特点和规律以及影响个案发展变化的各种因素。

在心理与行为分析中，有些行为的原因易于发现，有些行为的原因则不易察觉；有些行为的原因很单纯，有些行为的原因却很复杂；有些行为的原因可能与童年时代的生活经历有关，有些行为的原因可能是由于生活中重大事件的影响。

（五）诊断建议

诊断建议就是通过对被诊者心理活动状况和发展变化过程及其原因等方面个案资料进行分析和判断后，针对发展现状或存在的心理与行为问题，提出恰当的矫正或发展指导的具体措施与方法。

矫正或发展指导涉及两个方面的具体内容：一是改善和疏导那些不利于个案发展的外在条件，创设有利于促进发展的外在条件，使之更好地适应、满足学生发展的需要。如家庭氛围、父母的教养态度、学校的教育措施、学生人际关系、社会文化环境等因素对其发展的影响；二是激励或引导学生内在因素健康积极发展，如通过心理辅导、咨询和治疗，提高学生的心理健康水平，改善和发展学生的良好情绪、情感、人格倾向及性格特征，克服过度焦虑和一些不良性格等等。

矫正和发展指导的具体方法应视问题的性质而定，如矫正学生的问题行为，其矫正方法就要根据问题行为的性质而定，处理有偷窃行为的学生的方法与处理学习行为异常学生、情绪障碍学生的方法不同。一般来说，诊断者在矫正学生不良行为时，需要根据生理学、心理学、教育学、社会学的原理，针对病源，综合运用多种方法，有针对地加以矫正。

（六）书写鉴定书

鉴定书是记载个案诊断成果的一种文体。一般包括介绍个案的基本情况，简述个案的问题行为和资料收集情况，作出个案资料综合分析，写出简要结论，提出心理与行为辅导、咨询或治疗建议等内容。

第三节 心理诊断的访谈法

访谈法是心理诊断工作者与受诊者面对面交谈、收集资料的一种方法。它不仅是学校教师日常思想政治工作和心理诊断工作常用的一种方法，而且在学校教师心理辅导、咨询、治疗中也是最为基础和重要的方法。访谈法在心理诊断中应用广泛。通常当诊断涉及的内容比较敏感、受诊者有顾虑时，采用访谈的方式有助于受诊者解除顾虑。另外，当诊断涉及的内容比较深入，很难用文字表达清楚时，或者对受诊者进行书面调查有困难时，也可采用此种方法。

一、访谈法的种类

访谈法有许多种类，依据不同的维度可以进行不同的分类。按访谈中的提问方式可分为结构性访谈和非结构性访谈；按访谈时间或次数可分为一次性访谈与重复性访谈（有的称跟踪访谈）；按参加访谈的人数可分为集体访谈与个别访谈，此外还有一些特殊类型的访谈调查。

（一）结构性访谈和非结构性访谈

结构访谈也称定向型访谈，是由访谈者按照事先设计好的访谈调查问卷或提纲依次向访谈对象提问并要求访谈对象按规定标准进行回答的一种收集资料方法。这种方法的最显著特点就是访谈问卷或访谈提纲标准化。常用于了解访谈对象某种特定行为或态度。

非结构性访谈也称非定向型访谈，是指事先不设计完整的调查问卷及详细的访谈提纲，也不规定标准的访谈程序，而是由访谈者和访谈对象就某些问题自由交谈，访谈对象可以比较随便地提出自己的意见，而不管访谈者想得到什么样的答案的一种访谈收集资料方法。在非结构性访谈中，虽然也有访谈讨论的主题，但访谈者并没有要求所有的访谈对象按统一格式和标准的程序作答。多用于人们对某一特定的事件所引起的人们的态度或行为变化、个案研究等方面。

（二）一次性访谈与重复性访谈

一次性访谈也称横向型访谈，它是指对人们在某一生活时刻或某段时期内的思想、态度及行为等方面情况进行的一次性完成资料收集的访谈方法。重复性访谈也称跟踪访谈或纵向型访谈，是指不是一次完成而是要经过多次访谈才能完成资料收集的访谈方法。

（三）集体访谈和个别访谈

集体访谈是指由一名或数名访谈者亲自召集一些访谈对象就访谈者需要调查了解的某方面主题征求意见的访谈方法。个别访谈是指由访谈者对每一个被访谈者逐一进行的单独访谈的方法。其显著特点是：访谈者与访谈对象之间易于沟通；方式灵活，适应性强；资料真实，细致全面。个别访谈多用于规模小或有敏感性问题的研究，也常用于个案研究。

二、访谈法的实施步骤

访谈是言语的直接交际，是谈话双方互相支持的言语沟通，任何一种访谈，访谈者均必须掌握和应用好访谈的技巧，以获取真实全面有效的资料。访谈者是访谈的主动一方，有责任在访谈一开始就营造一个谈话的氛围。

（一）亲切善意的访问态度

访谈时，要努力营造一个亲切友好的谈话气氛，打破陌生的隔阂。访谈双方见面，作为访谈者，应亲切称呼受访者，并作自我介绍，做到不亢不卑，使对方感到来访是善意的。同时，要向被访者说明访问的目的意义，取得被访者的协助和支持。

（二）把握主题，善于引导

谈话时，应从题外到题内，谈话投机后，再转入正题。在与被访者进行谈话时，访问者必须集中精力倾听，倘若对方离题，不能表现出不耐烦的厌倦情绪，要耐心等待有利时机，用插话的方法，提出问题，引导对方把话题转到谈话的主题上来，使被访者觉得他提供的情况很有价值，乐意继续说下去。

（三）提问明确，避免误解

访问时，提问要做到言简意切，通俗易懂，尽量少用名词术语，避免对方听不明白，理解歧义，发生误解。

（四）准确记录谈话内容

访谈记录对资料的整理分类、对比分析至关重要。记录要围绕访谈内容进行，突出访谈问题的变量和结构。记录要尽可能详尽，尤其是那些开放式问题的回答和围绕主题展开的说明更要注意记录。不仅要记录言语资料，还要把言语交流中的非言语信息，如动作、表情记录在案，这些都对分析资料有着积极的意义。

记录中不要试图去总结、分析和改正记录，能详尽记下最好，不能详尽的，可记下关键词或用符号记录均可，目的是帮助事后回忆。另外，记录不能妨碍对方谈话，不要让对方因记录而停下讲述，打乱思路。访谈结束后，要抓紧整理记录，防止遗漏有效信息。记录的方式可采用表格记录、选择答案记录、笔记记录等，征得被访者同意也可使用录音或录像。

三、访谈法的优劣势

访谈法虽有许多优点，但也有其局限性。

主要优点是：一是访谈法可以在短时间内，广泛而且系统地收集到所需要当事人的尽可能详尽的口头材料，做更深入细致的调查。二是可以当面解释、纠正误解，使调查资料更加准确、可靠。三是能灵活选择访谈对象和确定访谈时间。四是通过访谈，初步建立起与当事人的良好的合作关系，为进一步诊断和以后的咨询、治疗扫除障碍。五是访谈法可以使交谈按照了解的问题进行随时发问，可以获得更多的信息。

主要缺点是：一是耗费时间与精力多。二是访谈内容分散，较难定量分析。三是调查结果易受被访者的身份、态度、语气等影响。对访问人员素质要求较高。四是访谈中的交谈内容可能有夸大、缩小、文饰、隐瞒等成分，因此其效果未必都好。

第四节　心理测量的方法

　　心理测量，又称为心理测验，是指根据心理学理论与统计学原理，使用一定的操作程序，对人的心理与行为进行标准化测定的一种技术，是心理与行为特性数量化的过程。心理测量是心理学各个领域理论研究和实际应用的重要手段，它广泛应用于教育、临床、咨询、人事管理、人员选拔等社会实践领域。

　　就心理辅导、咨询、治疗工作而言，心理测量可以为鉴定和评价人的心理健康与发展状况提供科学的数量化信息，为解除人们的心理问题，增进人们的心理健康与发展提供决策参考依据。心理辅导、咨询、治疗工作离不开心理测量。

　　心理测量是测量个体心理与行为的一种工具，是测量个体心理与行为样本的系统程序。人的心理特性有许多种，如兴趣、态度、价值观、品德、性格、气质、智力、特殊能力等，它们的外部行为表现因时、因地而有差异。为把握人的心理特性，不可能对所有外显行为都做测量，也很难找到一个能代表所有行为的特殊行为来推断人的心理特性。

　　理想的办法就是从这个行为总体中抽取部分具有代表性的样本，通过对行为样本的测量，来推断个人的心理特性。所谓系统程序，指的是依据明确的规则进行测验的编制、施测、评分和解释，以控制测量过程的每一环节可能产生的误差，获得相对准确的测量结果。下面就介绍一些我国常用的测量工具和方法。

一、中国比奈智力测验

1905 年比奈和西蒙编制了世界上第一个智力测验，之后许多学者对其作了修订，其中 1916 年美国斯坦福大学的推孟修订的斯坦福—比奈量表相当成功。我国于 1924 年由陆志伟修订了斯坦福—比奈智力量表，1936 年他和吴天敏进行了再次修订，1982 年北京大学吴天敏第三次进行了修订。

该测验适用于 2～18 岁儿童，每岁 3 个题，共 51 题，内容包括：生活常识、知觉速度及观察力、空间知觉力和想象力、记忆力、语言能力、判断推理能力等，常用于个别测验，用离差智商作指标，以年龄组为参照群体。

二、韦克斯勒儿童智力量表中国修订本

美国心理学家韦克斯勒长期从事智力测验工作，编制了韦克斯勒成人、儿童、幼儿智力测量量表。1939 年韦氏编制了韦氏成人智力量表，为了使之适合较低年龄，1949 年又编制了儿童智力量表，1970 年发表了重新标准化修订后的韦氏儿童智力测验。

韦氏儿童智力测验中国修订本由首都师大林传鼎和北京师大张厚粲主修，适用于 6～16 岁少年儿童，内容由常识、背数、词汇、算术、理解、类同等 6 个分测验言语量表和填图、图画排列、积木图案、拼图、译码、迷津等 6 个分测验操作量表构成。其中 10 个分测验必做，"背数"和"迷津"两个分测验可作为替代或补充测验。常用于个别测验，并有全测验常模。

三、瑞文标准推理测验中国城市修订本

瑞文标准推理测验是英国心理学家瑞文 1938 年设计的非文字智力

测验。许多国家对它作了修订。我国北京师大张厚粲等和华东师大李丹等对这套测验分别进行了修订。全套测验共 60 个图片选择题，分成 5 类，每类 12 项。每题一个正确答案，答对一题得 1 分，不限时间。测验结果用百分位和智力等级的形式呈现。适用于 5 岁半到成人，常用于团体测验。

四、艾森克人格问卷

艾森克人格问卷由英国心理学家汉斯·艾森克和其夫人于 1975 年编制成。人格问卷由 P、E、N、L 四个分量表构成，用于测量受测者在精神质、外倾性和神经质三个人格维度上的特征。L 为说谎量表。问卷分儿童和成人两种。中国有两个修订本，一是由北京大学陈仲庚修订，一是由湖南医科大学龚耀先修订。龚耀先修订本适合于 7～15 岁儿童，有 88 个项目，要求儿童根据自己的情况回答题目是否符合自己的情况。主要测量内外向性、情绪稳定性和精神病性等三个方面的情况，常模有性别之分。

五、卡特尔 16 种人格因素测验

卡特尔 16 种人格因素测验由美国伊利诺州州立大学人格及能力研究所的卡特尔编制，1970 年美籍华人刘永和在中国香港、台湾作了修订。测验共 187 题，所测的人格特质分别为：①A 乐群性；②B 聪慧性；③C 稳定性；④E 持强性；⑤F 兴奋性；⑥G 有恒性；⑦H 敢为性；⑧L 敏感性；⑨L 怀疑性；⑩M 幻想性；⑪N 世故性；⑫O 忧虑性；⑬Q1 实验性；⑭Q2 独立性；⑮Q3 自律性；⑯Q4 紧张性。

此外，还可根据有关公式，得出 8 个次级因素：①适应与焦虑性；②内向与外向性；③感情用事与安详机警性；④怯懦与果断性；⑤心理健康者人格因素；⑥从事专业而有成就者人格因素；⑦创造力人格因素；⑧在新环境中有成长能力人格因素。

为了使之适合我国大陆地区，辽宁教科所和华东师大对其作了修订。主要测量乐群、聪慧、兴奋、有恒、敢为、幻想、独立、自律等16种人格特质以及适应性和焦虑性，内外向性、心理健康状况、成就状况、创造水平等心理属性。常用于团体测验，适用于高中生、大学生和成人。

与该测验有关的卡特尔与波特合编的儿童14种人格测验，由华东师大祝蓓里等修订，除少数因素外，基本思路与卡特尔16种人格因素测验类似。适用于8~14岁的中小学生。

六、Y—G 性格检查量表

Y—G 性格检查量表由日本矢田部和美国吉尔福特编制，武汉市教科所、湖南省教科院吴文德等分别对其作了修订。主要测量人的抑郁性、稳定性、自卑性、神经质、客观性、协调性、攻击性、活动性、适应性、思维向性、支配性、社会向性等维度的特性。并根据这些维度的表现，可将人分成适应外向型、不适应冲动型、均衡型、适应内向型、不适应内向型等5种典型性格类型。常用于中学生团体施测。

七、学生性格量表 (11~18 岁)

学生性格量表由云南师大沙毓英、张锋等人在编制者提出的中国人性格层次结构理论的基础上共同编制而成。学生性格量表共有168个项目，平均分配到24个分量表中。每个项目均是对一种行为情景的文字描述，并提供4种常见的相应的行为反应的文字描述，供受测者选择。适用于测量中国11~18岁中小学生的性格特征。

八、爱德华个性偏好测验

爱德华个性偏好测验又称个人倾向量表，是美国哈佛大学教授默里于20世纪30年代提出构想，后来由爱德华设计编制而成。默里认为，人有15种需要，需要程度因人而异，这些需要可以通过一些题目加以测量。爱德华个性偏好测验共有225题，所测15种需要是：成就、服从、秩序、表现、自主、亲和、省察、求助、支配、谦逊、慈善、变异、坚毅、性爱、攻击。

九、中学生一般能力倾向成套测验

一般能力倾向成套测验最初由美国劳工部就业保障局在20世纪40年代编制，起初的测验主要测量与职业关系密切的有代表性的10种能力因素。测验多次修订，被世界许多国家翻译、改编为不同形式的版本。最新一套的测验，由美国雇用服务处修订，有几个分测验，评价9种能力。华东师大戴忠恒和上海市教科所高德建等分别对该测验进行了修订。高德建修订本主要用于评价学生的职业能力倾向，由语言推理、词汇理解、数学推理、数学计算、空间判断、图形知觉、符号知觉、运动协调、手指灵巧、钉板等10个分测验组成。测量一般智力、言语能力（语言推理、词汇理解）、数理能力（数学推理、数学计算）、空间判断、图形知觉、符号知觉、运动协调、手指灵巧、手工灵巧等13种能力，有12项能力常模。用百分位、标准分和7个等级对几种能力进行评价。常用于团体测验，适用于初一到高二的中学生。

十、学习适应性测验

学习适应性测验由华东师大周步成主持修订。所谓学习适应性主要指学习热情、有计划地学习、听课方法、读书和记笔记方法、记忆和思考的方法、应试方法、学习环境、性格和身心健康等，适用于小学一年级到高中三年级学生，主要用于了解学生学习适应方面的状况。常用于团体测验，按年级段制定常模，分别有小学一二年级、小学三四年级、小学五六年级、初中和高中等四种常模。

十一、明尼苏达多相人格测验

明尼苏达多相人格测验由美国明尼苏达大学教授郝兹威与莫金利于20世纪40年代编制，被译为许多文字。广泛应用于人格鉴定，心理疾病的诊断、治疗，心理咨询以及心理学、人类学、医学的研究工作中，是当今人格量表中使用最广泛而且最受研究者重视的一种。明尼苏达多相人格测验采用经验法编制，共有566个自我报告形式的题目，其中16个为重复题。566个项目中前399个项目分别分配在13个分量表中，包括10个临床量表和3个效度量表。题目的内容包括身体各方面的情况、精神状态以及对家庭、婚姻、宗教、政治、法律、社会等问题的态度。

该测验的临床量表有10个：疑病、抑郁、癔病、精神病态、男性化—女性化、妄想狂、精神分裂、轻躁狂、社会内向。此外，还设置了4个效度量表去识别不同的应试态度或反应心向。这4个量表分别是：说谎分数、诈病分数、校正分数、疑问分数。

十二、加州心理量表

加州心理量表主要是用于测量正常人格维度。测验由462个项目组成。包含了20个量表，其中含3个测验受试态度的效度量表。这3个量表是幸福感、好印象和同众性，分别测查被试者是否装好、装坏或作随机反应。另外17个临床量表是基于人格的"通俗"概念编制的，用于测量心理学家和普通人都能清楚理解的人格维度。

十三、SCL—90 问卷

SCL—90 问卷是在心理健康状况鉴别及普查中实用、简便而有价值的临床诊断量表，共计 90 个题，包括 10 个项目：躯体化、强迫、人际敏感、抑郁、焦虑、敌意、恐怖、妄想、精神病性、附加量表。

十四、康乃尔健康问卷

康乃尔健康问卷由美国康乃尔大学设计，主要用于对个体健康进行全面的评价，内容包括身体情况、心理状态和社会适应能力诸方面。该问卷有 195 题，内容涉及躯体、精神症状、既往家史和行为习惯等四个方面。由于该测验主要对躯体和心理（如适应不良、抑郁、焦虑、敏感、易激惹、紧张等）两方面的健康症状进行测量，故在心理咨询与治疗中有重要作用。

十五、罗夏克墨迹测验

罗夏克墨迹测验由瑞士精神病学家罗夏克编制，是使用较广泛的人格投射测验。测验主要通过观察被测者在观看多种墨迹图片时作出的不同反应，继而对他们潜在的人格倾向进行判断。测验共包括 10 张墨迹图片。在 10 张图片中，有 5 张是黑白的，有两张是黑、白、红色三色墨迹，其余 3 张则为淡彩色。每张图片上的墨迹都是对称的。在施测过程中，要求被试者对所呈现给他的墨迹图像进行描述，然后对被试者的每一个反应的部位（全部还是部分）、反应的决定因素（形状还是颜色）、反应的内容（动物还是人或物体）与独创性（与众不同还是与众一致）四个方面来记分、统计、解释并确定被试者的人格倾向。罗夏克墨迹测验的计分和解释较为复杂，应由受过专门训练的人来进行。

十六、主题统觉测验

主题统觉测验由美国哈佛大学心理学家莫瑞和摩尔根于 1935 年创制，此后经过三次修订。该测验是一种了解受测者的主要需要、动机、情绪和人格特征的方法。其基本原理是向被试者呈现一系列意义相对模糊的图卡，并鼓励他按照图卡不假思索地编述故事。主题统觉测验的第三版包括 30 张黑白图卡和 1 张空白卡组成，并被分成成年男性组、成年女性组、儿童男性组和儿童女性组四组。图卡的内容多是人物，也有一部分风景。每幅图像都相当模棱两可，可以做种种不同的解释，在施测过程中，要求被试者按照图卡不假思索地编述故事，所编的故事必须包括四个方面的内容：①图片中故事发生的情景；②图片中故事发生的原因；③图片中故事发生的结果；④自己的感受，最后测验者根据被试对当前知觉图片所编的故事对其主要需要、动机、情绪和人格特征作出鉴定。

第五节　心理治疗的方法

　　心理治疗是指在良好的治疗关系基础上，由经过专业训练的治疗者运用心理治疗的有关理论和技术，对求助者进行帮助，以消除或缓解求助者的心理问题或心理障碍，促进其人格向健康、协调的方向发展的过程。

　　心理治疗的理论和方法处于一个动态的发展之中。19 世纪末兴盛起来的精神分析疗法影响最大，是心理治疗发展史上的第一个里程碑。自 20 世纪六七十年代以来，行为治疗风行起来，超过了精神分析疗法，被誉为心理治疗发展历史上的第二个里程碑。与此同时，人本主义心理治疗逐渐兴起，并迅速扩展，被看作是心理治疗发展历史上的第三个里程碑。

一、精神分析疗法

　　精神分析疗法是由奥地利神经精神病学家弗洛伊德根据心理动力学理论所创立的。该理论认为病人的心理障碍是由于压抑在"潜意识"中某些幼年时期所受的精神创伤所致。这种疗法通过内省的方式，用自由联想的方法将这些痛苦的体验挖掘出来，让焦虑的情绪得到发泄，并对病人所提供的谈话内容进行分析解释，使病人领悟。从而改变原行为模式，重建自己的人格，达到治疗的目的。

　　属于这一学派的心理分析家曾受过严格的心理分析训练，他们分析了自己在过去生活中潜意识所隐藏的东西，分析显梦与隐梦，本我、自我、超我和压抑、抵抗、消退等心理防卫机制的关系。治疗对象：神经症、部分重型精神病人。

应用此疗法治疗的过程一般是在安静、温暖的房间内，让病人斜躺在舒适的沙发椅上，面朝天花板，集中注意力于回忆上。治疗者坐在病人身后。会谈的时间每次约 45～50 分钟，每周会谈 5 次。治疗过程需要半年至两年之久。

这一疗法所采用的技术有：

（一）自由联想

自由联想是精神分析治疗的基本技术。每次会谈让病人躺在舒适的躺椅上，选择自己想谈的题目，如生活、家庭、工作、交往、爱好或发病经过等，把积郁于心头的一切想法都说出来。随着脑中所涌现的念头脱口而出，不管说出来的事情彼此有无关联，是否合乎逻辑或幼稚可笑。总之，想到什么就说什么。由于许多事情属于幼年时代的精神创伤，当时所产生的情感反应常是比较幼稚的，现在当病人在意识中用成人的心理去重新体验旧情，就比较容易处理和克服，这叫做情感矫正，这样病人所呈现的症状也会自然消失了。

（二）梦的分析

梦的分析是接触无意识、挖掘被压抑的心理冲突或创伤的一种有效手段。弗洛伊德在 1900 年出版的《梦的解析》一书被美国的唐斯博士列为"导致人类思想革命的三本书"之一。（达尔文的《物种起源》打破人为万物之灵的观念，认为人与动物同源；哥白尼的《天体运行论》打破人为宇宙中心的观念；弗洛伊德的《梦的解析》打破人的理性的一面，揭开人类心理活动的潜意识中不理性的一面。）

弗洛伊德认为梦包括"显梦"和"隐梦"。显梦是指这些梦境具体内容所代表的无意识的象征性的含义，显梦内容不过是可以觉察出来的"谜面"，而隐梦内容才是虽觉察不到但具有真正意义的"谜底"。治疗者的任务就是从做梦者的表面内容深入到隐含内容，去解释梦中符号，找出它的象征含义，把经过化装变形的梦复原，从而发掘出做梦者潜藏在无意识里的心理矛盾，以便帮助患者正确解决其致病情结。所以挖掘潜意识中心里资料的另一技术就是要求病人在会谈中谈谈他做的梦，并把梦中不同内容自由地加以联想，以便治疗者能理解梦的外显内容和潜在内容。

（三）移情

随着疗程的推进，医患之间的关系超出了理智的沟通或对话，具有强烈的情感。当病人沉入往事回忆，说出许多带有焦虑感情的事情，且在会谈中把治疗者当作他发泄的对象，这就叫做移情，即把过去与父母的病态关系转移到与治疗者的关系上。移情是治疗过程中必然会出现的好现象。治疗者一定要善于利用移情，让病人认识到建立一个良好的人际关系的必要性。当这些从无意识过程中所暴露出的病态或幼稚情感和人际关系成为意识过程的内容时，移情问题也就随之消失了。

二、行为疗法

行为疗法或行为矫正是建立在行为学习理论基础上的一种心理疗法，是现代心理治疗的一种重要形式。它是在巴甫洛夫经典条件反射原理和美国心理学家斯金纳操作条件反射的基础上发展起来的一整套行为矫正治疗技术。行为治疗与强调无意识作用的精神分析不同，它认为病人异常行为或生理功能是个体在其生活经历中通过条件反射即"学习"过程而固定下来的，即病人的异常行为和正常行为一样可以通过学习获得，那么，也应当能够通过另一种学习使之消失。

行为治疗的种类和应用范围正在日益增多和扩大，治疗对象已不局限于患者本身，而扩大到其配偶及家庭。在临床上用于治疗各种神经症、心身疾病、各种不良行为问题等。

行为疗法有以下几种：

（一）系统脱敏疗法

系统脱敏疗法是美国心理学家沃尔帕在 1953 年创立起来的一种典型的行为治疗方法，主要适用于恐怖性神经症症状。他认为神经症的起因是在焦虑情境中原来不引起焦虑的中性刺激与焦虑反应多次结合而成为较为牢固的焦虑刺激，产生异常的焦虑情绪或紧张行为。当病人产生焦虑性反应的同时，让他产生一种与焦虑反应不相容的另一种反应，例如松弛反应，这两种反应是相互抑制的，于是就逐渐削弱了原来的焦虑刺激与焦虑反应之间的联系，逐步减轻对焦虑刺激的敏感性，以达到治愈的目的，因而这一疗法被称为系统脱敏疗法。系统脱敏疗法对有明显环境因素引起的某些恐惧症、强迫症特别有效。一般应用肌肉放松训练的方法来对抗恐惧症中的焦虑情绪，适用于社交恐惧症，公共场所恐惧症、考试焦虑等。

（二）满灌疗法

满灌疗法与系统脱敏疗法正好相反，它不需要经过任何放松训练，一开始就让病人进入最使他恐惧的情境中。一般采用想象的方式，鼓励病人想象最使他恐惧的场面，或者治疗者在旁反复地，甚至不厌其烦地讲述他最感害怕的情景中的细节，或者用录像、幻灯片放映最使病人恐惧的镜头，以加深病人的焦虑程度，同时不允许病人采取堵耳朵、闭眼睛等逃避措施，即使病人由于过分紧张害怕甚至出现昏厥的症状仍鼓励病人继续想象或聆听治疗者的描述。在反复的恐惧刺激下，病人最担心的可怕灾难并没有发生，焦虑反应也就相应地消退了。

此疗法的适应症和系统脱敏疗法一样，对某些恐惧症和强迫症效果较好。至于对哪些病人采用此法，还要考虑他的文化水平、暗示程度以及发病原因等多种因素。

（三）厌恶疗法

即利用一种厌恶的或惩罚性的刺激来减少或消除适应不良的行为。此疗法多用引起躯体痛苦反应的非条件刺激与形成不良行为的条件刺激结合，使病人发生不良行为的同时感到躯体的痛苦反应，从而对不良行为产生厌恶而使其逐渐消退。此疗法对酒瘾、戒烟、贪食、吸毒和性变态者效果较好。例如，要戒除酗酒的不良行为，可以在酗酒者个人生活习惯中最喜欢喝酒的时刻进行，使用催吐吗啡或电击等惩罚性刺激，造成对酒的厌恶反应，从而阻止并消除原来酗酒的不良行为。又如戒烟，可以采用"戒烟糖"、"戒烟漱口水"等，都可以直接或间接使吸烟者在吸烟时感觉到一种难受的气味，而对吸烟产生厌恶感，以至最终放弃吸烟的不良行为。

此疗法治疗时厌恶刺激应有足够的强度和持续时间，使其难以忍受而不得不消退其不良行为。

（四）内部自我调整法

内部自我调整法可以分成两个类型：

一种是放松疗法。所谓放松，就是用意念、调节呼吸和身体姿势来促使自己的思想、情绪和肌肉都处在一个不紧张或松弛宁静的状态，如我国的气功、印度的瑜珈和日本的坐禅等都能起到类似的作用。渐进性放松是令病人按照从手开始，循上肢、肩、头部、颈、胸、腹、臀、下肢一直到脚的顺序进行先紧张后松弛的练习，最后达到全身放松。一般认为，不论何种松弛反应训练技术，只要产生松弛反应都必须包含四种成分：①安静的环境；②被动、舒适的姿势；③心情平静，肌肉放松；④精神内守（一般通过重复默念一种声音，一个词或一个短句来实现）。

此疗法对于高血压、失眠、头痛、心律失常以及各种由于心理应激（紧张）所造成的疾患都有良好的疗效。目前，各种松弛反应训练技术在世界各国已广泛地成为人们用以增强体质，预防和治疗疾病，特别是慢性病的一种有效方法，而且还广泛地运用于体育竞赛、文艺表演以及一切可能产生紧张、焦虑的情境，以对抗紧张和焦虑，从而保持和发挥良好的竞赛和表演效果。

另一种是生物反馈疗法。生物反馈疗法是由美国心理学家米勒根据操作式条件反射学习理论，于 1967 年创立的崭新的心理治疗技术。此疗法是在放松疗法的基础上借助现代化电子仪器将体内不易感觉到的生理活动信息如血压升降、心率快慢等显示出来，让病人根据这一信息学习，使生理活动朝着要求的方向变化。适应症：原发性高血压、支气管哮喘、紧张性头痛、血管性头痛。它能缓解紧张、焦虑状态、抑郁状态，治疗失眠。

（五）合理情绪疗法

合理情绪疗法简称 RET，是美国著名心理治疗家艾利斯于 20 世纪 50 年代首创的心理治疗理论及方法，是认知行为疗法中最著名的一种。它认为人的情绪和行为障碍不是由于某一激发事件直接引起，而是由个体对它不正确的认知和评价所引起。

这一理论又称 ABC 理论。A 是指外来的激发性生活事件；B 是指个体在诱发事件之后的信念系统，即对该事件的想法、解释和评价；C 是指由 B 引起的情绪和行为的结果。一般认为，情绪和行为结果是直接由激发事件 A 引起的，即由 A 引起 C，但实际上，激发事件 A 只是引起情绪和行为的间接原因，唯有 B 才是引起人的情绪和行为反应的直接原因。如两个遭遇同样激发事件，工作失误造成一定的经济损失，产生了很大的情绪波动的人，在总结教训时，甲认为吃一堑长一智，以后一定要小心谨慎，防止再犯错误，努力工作，把造成的损失弥补回来，而乙则认为发生如此不光彩的事情，实在丢尽脸面，表明自己能力太差，怎好再见亲朋好友，由于有了这样错误的或非理性信念，再也振作不起精神来，导致不适当的甚至是异常的情绪和行为反应。

合理情绪疗法的治疗过程及其方法是以改变患者的认知为主要治疗目标的，即改变患者的不合理信念，改变患者不合理的思维方式。此疗法适用于各种神经症和某些行为障碍的病人。

三、人本主义心理疗法

人本主义心理疗法是美国著名人本主义心理学家马斯洛和罗杰斯于20世纪40年代创立的，60年代以后开始在美国广为流行。人本主义治疗强调人的本性自身是一切心理治疗的出发点。它反对把人看成和动物一样的生物体或自然物，而特别强调人的价值和意义，认为任何人在正常情况下都有积极的、奋发向上的、独立自主的和自我肯定的无限的成长潜能，而且每一个人都有可能实现自己的潜能而成为一个具有真实力量和能够自我实现的人。

因此，心理疗法就是要实现对人的价值和尊严的关心，反对贬低人性的生物还原论和机械决定论，它与弗洛伊德心理分析和行为主义相反，被西方称为现代心理学的"第三种势力"。

在人本主义理论基础上发展的心理疗法有很多种，最著名的有当事人中心疗法。

当事人中心疗法是罗杰斯以人本主义理论为基础于1942年提出的。与心理分析疗法相反，它不要病人回忆压抑在潜意识中的心理症结，而是帮助病人认识此时此地的现状。由于病人不能正确认识和处理当前环境的现状，拒绝感受当时的情感体验而产生病态焦虑，因此，治疗的目的就是让病人进行自我探索，了解与自我相一致的、恰当的情感，并用此情感体验来指导行动，也就是靠自己本身的力量来治疗自己存在的问题。

当事人中心疗法中起主导作用的是患者自己，患者可以自由自在、无拘无束地表达自己的意见、想法、观点和感受，治疗者不必加以解释和劝导，更不予干涉或控制，只要表示理解、同情和乐于倾听就够了。这样患者就会感到自己是自由的、安全的，再不会有恐惧和顾虑，从而增强自己的信心和责任感，并能够发现自己的问题，进行自我指导，自我克服和自我改善，从而达到治愈的目的。此疗法的适应症主要是神经症。

　　在实施心理治疗时，罗杰斯特别强调，要想使个人中心治疗有效，咨询员在态度上必须具备三个条件：第一是真诚，即心理治疗者必须以真诚的态度对待当事人，使当事人感到他言谈恳切，表情自然，从而创造良好的治疗情境。其次是同感，即治疗者聆听当事人陈述后，能够像当事人自己那样感受他的内心世界并表达出来，使他觉得自己的问题受到重视。最后是对当事人所陈述的一切，要无条件地接纳，不做任何批评，使他可以无拘无束地向咨询员倾诉。

第五章 心理辅导的途径

中学心理辅导教师开展心理辅导的具体途径，主要有三条，分别是团体心理辅导、个别心理辅导和心理辅导课程。三者共同构成了对学生进行心理辅导和心理健康教育的网络，通过对这些途径的有效利用，才能实现对学生进行心理辅导的目的和效果。

第一节　团体心理辅导

团体心理辅导是指在团体情境中提供心理帮助与指导的一种心理辅导方式。相对于个别辅导而言，它是通过团体内人际互相作用，促使个体在交往过程中通过观察、学习、体验，认识自我，探讨自我，接纳自我，调整改善与他人的关系，学习新的态度与行为方式，充分发挥自身的潜能和优势，以发展良好的生活适应的自助及助人的过程。

团体辅导是学校心理辅导的一个途径，许多学校都已经积极开展团体心理辅导，所以，辅导教师有必要掌握一些团体心理辅导的知识。

一、团体心理辅导的历史

从20世纪初到20世纪30年代的这段时间，是团体心理辅导的探索期。美国的内科医生普拉特被誉为团体心理辅导和心理治疗的先驱。他最先在肺结核晚期病人中进行团体心理辅导工作，此后，心理学家们对团体心理辅导开展了积极的探索。1920年维也纳医生莫里诺首创了心理剧方法，丰富了心理治疗的技法。1928年，奥地利的阿德勒开展了进一步的探索，他组织以个体发展为主题的团体。由此，奠定了团体心理辅导的基础。

二战后，心理辅导进入了飞速发展期。早在1940年，英国精神病学家福尔克斯在军人中开展了一种非结构式咨询的辅导团体。1946年，勒温建立了团体人际关系训练团体，用实验方法研究团体内的人际互动，体验式学习技巧被用于人际交往技能的教育训练。这种方法之后进入产业界、政府机构、大专院校。1949 年，命名为 T 小组——人际关系训练团体。1950 年，NTL——"国家训练实验室"成立。20 世纪 60 年代后，人本主义心理学兴起，美国心理学家罗杰斯大力倡导交朋友小组。从训练团体到交朋友小组的转变，从人际技巧训练到个人成长，得到了进一步的运用和推广。从 20 世纪 80 年代起，团体心理辅导进入到人们的生活中，开始预防和解决一些心理问题。

二、团体心理辅导的功能

学校中的团体心理辅导主要有四个功能：教育功能、发展功能、预防功能和治疗功能。

（一）教育功能

学生可以通过团体心理辅导，增进对自我的认知，进行判断抉择，最终达到自我发展。这是一种变被动教育为主动教育的辅导过程，学生将实现自我价值的最大化，是学校教育的一种新方式。

（二）发展功能

团体方式的活动，不但给学生发展提供必要的资源和背景，改进其不成熟的偏差态度与行为，而且促进学生良好的发展与心理成熟，还可以培养其健全的人格及协调的人际关系。同时，团体心理辅导帮助参与的学生制订具体的、可测量、可观察的目标，并帮助学生按照目标实施发展计划。

（三）预防功能

团体心理辅导是预防学生心理问题发生的最佳方法。通过团体活动，通过成员间交流、研讨可能遇到的问题及解决途径，培养问题解决能力，防止问题发生，减少心理问题的影响。同时学生对自己有了更多的了解，懂得了什么是适应行为，什么是不适应行为；通过彼此交换意见，互诉心声，相互启发，形成正确的认识和积极的态度，起到预防与发展的作用。

（四）治疗功能

由于团体心理辅导的情境比较接近日常生活与现实状况，在团体情境下处理学生的情绪困扰与心理偏差行为，会收到不错的效果。

三、团体心理辅导的类别

根据不同的标准，团队辅导可以分为多种类型。

（一）根据理论分类

按照此种方法，可以将团体心理辅导分为精神分析团体心理辅导、行为主义团体心理辅导、认知—行为团体心理辅导和交朋友小组团体心理辅导。

精神分析团体心理辅导主要运用团体动力学来辅导；行为疗法则是行为主义辅导的主要方法；认知—行为团体心理辅导则兼用行为训练和认知调整；人本主义则是交朋友小组团队辅导的指导原则。

（二）根据辅导遵循的模式及目标

按照此种方法，可以将团体心理辅导分为发展性辅导、训练性辅导和治疗性辅导。

发展性团体心理辅导的主要目的是通过团体成员的主动参与，表达自己而找到大家共同兴趣与目标，再在此基础上通过交流、体验和反思，得到心智的发展，重点放在自我成长和自我完善。

训练性团队辅导帮助成员去学习新的行为，改变不适的行为。辅导强调此时此地的他，不涉及过去的行为，主要训练人际关系技巧，促使其产生并维持有利于个体成长的行为。

治疗性团体心理辅导主要针对成员在生活中遇到的某些问题进行辅

导。指导者将团体注意力集中于不同的个体和问题上，关注成员在思维与行为上的改变。

（三）根据计划程度

按照此种方法，可以将团体心理辅导分为结构式辅导和非结构式辅导。

已做好团体心理辅导整个计划，并在进行的过程中不加改变的辅导称之为结构式辅导；没有固定计划，根据情况随时对辅导的开展进行调整，其灵活性大，这样的团体心理辅导叫做非结构性辅导。

（四）根据参加者的固定程度

按照此种方法，可以将团体心理辅导分为开放式团体心理辅导和封闭式团体心理辅导。

开放式团体心理辅导没有固定的人数，可以在进行过程中吸收更多的成员；封闭式团体心理辅导在组建团体后不再允许新成员的加入。

（五）根据辅导教师在辅导过程中作用

按照此种方法，可以将团体心理辅导分为指导性团体心理辅导和非指导性团体心理辅导。

指导性团体心理辅导是强调指导员在团体中运用各种方法加强对团体的指导，帮助团体成员进行分析，促使他们调整改善与人的关系，学习新的态度与行为方式，提高生活适应能力。他强调指导员在活动中起的作用，对指导员提出了很高的要求。

非指导性团体心理辅导则不然，指导员在其中的作用就好比是观察员，一般在旁观察团体与个体的活动，只要起协调作用。

（六）根据团体成员的背景相似程度

按照此种方法，可以将团体心理辅导分为同质辅导和异质辅导。

同质辅导是指个体在某些特质上（如年龄、兴趣、性别、问题等）的相似。对具有相似点的成员组成的团体进行的辅导叫同质性团体心理辅导。

异质团体指团体成员自身的条件或问题差异大、情况比较复杂，如年龄、经验、地位极不相同的人，成员抱有的问题也不同。

辅导教师在开展团体心理辅导时，要注意记录学生资料，方便辅导后的跟踪观察和效果检测。也许辅导教师尚不能掌控好团体心理辅导的节奏，辅导的效果不佳。但是通过多练习多总结，一定能越做越好，每位心理辅导教师要相信自己。

第二节　个别心理辅导

个别心理辅导是指通过鉴别、诊断分析和干预，解决学生心理困惑的一种辅导形式。学生的心理问题有共性的一面，但更多的则表现为个性化的一面。相对于团体心理辅导，个别心理辅导所需要的专业知识和技能要求更高，它是衡量心理辅导教师专业水平高低的重要标志。每位心理辅导教师都要掌握好个别心理辅导。

一、个别辅导的作用

（一）判断学生心理问题

需要心理辅导的学生存在各种问题，而且一些学生是多种问题并存，互相作用，如学习困难、人际关系不良或者情绪、行为问题并存。个别辅导就是要通过鉴别和诊断，找到最重要的问题。

（二）研究学生行为根源

人的心理支配他的行动，所以，当一名学生的行为出现偏差时，辅导教师要深入到行为的背后，去考察该生的心理动机。过去的学校教育工作，往往注重学生行为后果，根据行为后果决定处分的轻重。其实，在许多情况下，行为与动机未必一致，"好心办坏事"的现象时常存在。

（三）帮助学生身心发展

通过对学生个别辅导，可以使教师深入了解学生心理发展的历程，只有在此基础上，才会理解学生，与学生平等对话，帮助他们健康成长。

（四）解决学生心理问题

解决学生的心理问题是个别辅导的最终目的。学生的各种负面情绪和偏差行为干扰了正常的生活秩序，唯有彻底解决，才能还学生一个健康的学习、生活状态。有的学生的心理问题容易出现反复，这也需要辅导教师的耐心与细心，多花费些精力在这些学生身上。

（五）促进教师专业发展

目前，大多数从事学校心理辅导的人员缺少系统的专业培训。尽管现在教育系统有各种各样的培训，但这些培训大多既缺乏系统性，又缺乏实践性。在这种情况下，如何加速从事学校心理辅导人员专业成长是一个非常紧迫的问题。

加速学校心理辅导人员专业成长可以有以下几条对策：培训课程专业化，尤其要加强心理辅导人员自身伦理和职业道德修养，加强临床实践培训；学校心理辅导人员持证上岗；从事心理辅导研究。其中第三条"加强临床实践"尤为重要。在培训实践中，我们发现对案例进行实践和研究，是加速学校心理辅导教师专业成长的重要途径。

心理辅导人员不光要有理论还要有技术，技术需要通过个体的经验转化而来。这就如同医生，医科大学毕业只是说明受过医学专业背景的教育，而要真正成为一名医生，就需要多年的临床实践。案例研究，不仅要求心理辅导教师按照严格的心理评估、诊断和干预方法解决当事人的问题，更重要的是要对自己做的案例进行反思、实践、再反思、再实践，从而提高自己的辅导技术。

二、个别辅导的对象

学校心理辅导所解决的问题与医疗系统心理门诊有不同的分工。学校个别辅导一般不处理病理性心理障碍，这是由学校心理辅导目标所决定的。因此，个别辅导对象一般包括以下几类学生：

（一）学业不良学生：这一类的学生学习成绩很不好，自尊心受到打击，有时会一蹶不振，使得他们的精力向另外方面发展，成为问题学生。

（二）行为问题学生：行为问题包括品行不良、攻击性行为、退避行为、多动行为和强迫行为等。

（三）身体有缺陷学生：身体缺陷不仅影响学习效能，同时也影响其人格发展。一个生理有缺陷的学生，无形中在社会适应上会增加很多困难。他们往往会受到别人的歧视和嘲笑，以致加剧自卑、退缩、孤独等人格特征。

（四）情绪困扰学生：情绪困扰是影响学生学习的重要因素。学生若早期遇到过多的困难或挫折而无法克服，很容易产生焦虑和不安全感，影响学习的动机、热情和效率。有的学生由于情绪困扰，容易冲动、过度紧张、孤僻冷漠、喜怒无常，这些都严重影响他们人格的发展。

（五）家庭环境不利学生：急剧的社会变迁导致离异家庭、寄养家庭、贫困家庭逐渐增多，处于这些不利家庭环境的孩子一方面缺乏情感上的关爱，另一方面面临经济上贫困的压力。这双重压力又会引起情绪和行为问题。

以上分类都是根据一般情况而分，辅导教师实际的工作还是围绕学生问题展开的，不应因标准而局限自我，有些学生的特殊问题同样应受到辅导老师的关注与帮助。

三、个别心理辅导的场所

学生个体心理辅导的场所，简称为心理辅导室、心理咨询室或心理治疗室。它们应该是可以隔音的房间，这样既能满足保密的要求，又可以保证会谈双方全神贯注于谈话本身，不受外界的干扰。

房间的大小应不小于 6～8 平方米，不需要装饰华丽，只要能给学生温馨、舒适、干净、整洁的感觉，使学生可以安心、放松、注意力集中即可。房间的色彩以淡雅为主，光线应柔和，灯光不要正对着学生，不宜有较多的摆放，以免使学生有压迫感。

室内应配备有沙发、茶几，也可以有书架等，沙发要使人感觉舒服，茶几可用来放水杯、纸巾等必备物品。可以用艺术画、绿色植物、工艺品等装饰房间，但不宜过多而显得杂乱。

学生座位的摆放，不应设在背对房间门的位置，以免学生因不知背后会有什么事情发生而产生不安全感，另外，可以在适合位置摆放钟表，以便老师可以控制时间。

四、个别辅导的步骤

个别辅导的步骤可以分为两大阶段六个步骤：

第一阶段：评估问题

评估问题对于个别辅导是非常关键的阶段，这就如同我们到医院去看病，如果诊断有误，将会耽误病情。评估问题包括收集和加工信息的各种程序，而信息则是从整个辅导过程中不断产生出来的。评估的目的有以下几项：获得相关信息，提供干预依据；鉴别与问题相关联的控制及影响因素；确定当事人对辅导的预期；确定基础数据与信息。

评估问题阶段具体分为三个步骤：

（一）确定对象的问题与症状：解决问题的第一步就是发现问题。学生的问题是属于学习困难、品行问题、情绪问题，还是人际适应不良问题等等。

（二）收集资料：要详尽地了解个别辅导对象，需要三方面资料，即个人的历史资料、现状资料和背景资料，以便对当事人有比较全面、深入的了解。精神分析理论认为，过去的创伤性经历对人的心理和行为会有很大的影响。

（三）诊断分析："诊断"一词是从临床医学上移植而来的。其含义是：通过对需要个别辅导学生的具体问题和有关个人资料的分析和综合，判断其心理或行为问题的特征、性质和原因。准确、科学的诊断是有效干预的前提。

第二阶段：进行干预

干预阶段具体也分为三个步骤：

（一）制定干预方案：包括干预目标和干预措施。干预目标要注意适切性、针对性和可操作性。干预措施要具体，并且要与当事人和其家长共同商议，形成"契约"。因为在干预过程中，当事人和他们的家长都是可以调动的辅导资源。

（二）实施干预：干预方案实施的过程中，需要运用多种干预技术。一般来说，学校个别辅导主要可以应用人本主义的"当事人中心"疗法、行为干预法、认知干预法等。这些干预技术都需要经过一定的专业培训才能掌握。

（三）效果评估和后续辅导：干预过程往往会几经反复，不会一次轻易成功，对于这一点，干预人员要有足够的思想准备。因此，要及时对干预效果进行评估，以便反馈调整，使干预更有针对性。

五、个别辅导的注意事项

在个别辅导的过程中，有些需要注意的事情，可以简单归纳为以下几点。

（一）切忌先入为主

人很容易犯的一个错误就是先入为主，有时，辅导教师也不能避免。一些学生在辅导之前已经存在一些其他问题，或是辅导老师拥有以前其他的经验等，这些都是先入为主容易出现的情况。

辅导教师在接受个案的时候，首先是要了解当事人的有关情况，不要急于做出判断，切忌先入为主。当辅导教师克服了先入为主的思维方式，就能找到学生心理问题的症结所在，辅导方案也就更有针对性了。

（二）挖掘深层问题

辅导教师面临的个案往往有许多问题，在这些众多的问题中，有些是表面问题，有些是深层问题，辅导教师需要透过表面现象挖掘深层问题。

（三）建立良好关系

帮助学生解决心理问题的过程，是辅导教师与学生双方互动的过程，如果这一过程中没有信任、没有真诚和尊重，辅导工作会寸步难行。这类案例在实施辅导方案时，首先是从建立关系开始的。在与当事人建立信任关系的过程中，需要辅导教师具有相当的亲和力和沟通技巧。

（四）寻找错误认知

正确的认知才能引导正确的行为，当学生的某些行为出现偏差时，辅导教师一定要从源头入手，才能切实的解决学生的问题。

（五）建立积极的社会支持系统。

家庭、学校和同辈群体是学生成长的社会支持系统。学生不是生活在真空里，他们的思想、观念、情感和行为方式都要受到周围人群和环境的影响。有时问题表现在学生身上，但根由在学校、教师或者家长身上。社会支持系统良好与否，教师和家长的心理、行为健康与否，将直接影响学生心理、行为的健康。

第三节　心理辅导课程及其原则

心理辅导课程，也被称为心理健康课程，是指学校按学生心理发展的规律和特点，以团体心理辅导及其相关的理论与技术为指导，以班级为单位，通过各种辅导活动，有目的、有计划、有步骤地去培养、训练、提高学生的心理品质，激发潜能，增强社会适应，帮助解决学生成长中的各种心理问题，维护心理健康，达到塑造和完善人格的团体心理辅导活动的形式。

要准确把握心理辅导课程的内容，可以从心理辅导课程的原则和教学方法两个角度来入手。由于篇幅较长，本节介绍心理辅导课程的原则，其教学方法在下一节介绍。

心理辅导课程是以发展和提高学生的心理素质，由全体学生主动参与的活动课程，它要根据学生心理发展的规律、成长的需要，按心理辅导的原理和技巧设计组织的、形式多样的、生动活泼的活动课程。为了达到心理辅导课程的目标，体现心理辅导课程的特点，必须遵循心理辅导课程的原则。

一、发展性原则

课程必须以发展的眼光来看待学生的心理状况，教育活动必须立足于促进学生的心理发展，而不仅仅限于心理健康的一般要求。青少年时期是身心发展的重要时期，变化很快。教育者不可带着成见去了解、研究学生的心理，如把个别学生"看死了"，认为其不可救药等。即使被形容为"江山易改，秉性难移"的气质特征，人也能凭借自身的意志力，按照自己的目标、工作和环境的需要，对自己的气质进行相应调整。心理辅导课程必须以发展的观点来看待学生，才能收到预期的效果。

课程要走在发展的前面，也就是说，心理辅导的要求必须高于学生现有的心理发展水平（第一发展水平），要能使学生向心理上的"最近发展区"（第二发展水平）前进。前苏联心理学家维果茨基结合教学活动提出了"最近发展区"的概念。他认为，为了使教学能真正促进学生的发展，至少应该确定儿童两种发展水平：一种是已经达到的发展水平，表现为儿童能够独立解决智力任务；另一种是儿童可能完成的发展水平，表现为"儿童还不能独立地解决任务，但在成人的帮助下，在集体活动中，通过模仿，却能够解决这些任务"。在这两个水平之间的区域就是"最近发展区"。维果茨基认为，教学提出任务的要求只有落在"最近发展区"内，才能有效地推动人的发展。

当这种前进完成以后，第二发展水平又转变为第一发展水平，此时，心理辅导活动不应以此为满足，而应创造出新的最近发展区，鼓励学生发挥主观能动性，在心理发展的阶梯上更上一层楼，否则，学生的心理就会因缺乏应有的锻炼而衰退。

二、主体性原则

在心理辅导课程中要承认和尊重学生的主体地位，激发和调动学生自我心理发展的自觉性和积极性。之所以保持主体性原则，其中一个原因是学生自己是心理发展的主体。社会和教育向学生提出的要求所引起的新的需要与其原有的心理发展水平之间的矛盾，是学生心理发展的内因，这是其心理发展的动力，也就是说，教育的影响只有通过学生主体心理的自我矛盾运动，才能起作用。

心理辅导课程是要促进学生的健康成长与发展，而成长与发展的过程是一种自觉和主动的过程，如果学生缺乏自觉性和主动精神，而只是被迫、被动地接受教育，所谓"牛不喝水强摁头"，其效果是可想而知的。另外一个原因是遵从中学生自身的心理特点。中学时期是人的自我意识快速发展的时期，他们的独立性和成人感非常强烈，他们渴望通过自己的独立思考和主动探索来解决面临的问题，因此，心理辅导课程切忌"我教你学，我说你听"的旧教学模式，要注意学生独立需要的满足，同时在此基础上给予他们以指导和帮助。

主体性原则要求在组织课程的内容和活动时，要充分考虑满足学生的正确需要。前苏联心理学家彼德罗夫斯基曾经说过："任何方法如果不是以儿童现有的需要为基础的，那么它就不会达到目的。"苏霍姆林斯基也指出："只有学生把教育看成是自己的需要而乐于接受时，才能取得最佳的教育效果。"

课程要考虑学生的需要，要围绕学生的实际来选择内容，安排的活动也必须是学生所关心和熟悉的，是与他们的生活密切联系的，能引起他们的注意和重视，只有如此，才能唤起学生的兴趣，激起学生的主动性和积极性，成为学生的自觉要求。

主体性原则要求在课程实施时要注意发挥学生的主动性和积极性，不可事事由教师包办代替。心理辅导课程强调教育是一个他助——互助——自助的过程。教师、同学的他助、互助只是手段，学生的自助才是目的。

因此，在设计活动时，要突出学生的主体地位；在组织活动时，要提供舞台让学生"唱主角"；让学生有话可说，有话能说，有话敢说，能理直气壮地倾诉自己的心声、宣泄情绪、发表观点、探索办法，教师以引导者、协助者的姿态出现，用杜威的话说就是："教师是一个引导者，他掌着舵，学生用力把船划向前方。"

三、活动性原则

心理辅导课程是通过活动来促进学生感悟与发展，是以活动为中介的课程形式。活动是指主体与客观世界相互作用的过程。人通过活动反映客观世界，又通过活动反作用于客观世界，使反映进一步得到检验与发展，活动构成了心理发生、发展的基础，人的心理品质也在活动和交往中形成。

心理辅导课程通过课程设计让每个学生在活动中感受和体验，在活动中接受训练和启示，在活动中得到领悟和发展。

贯彻活动性原则要注意：活动的组织要符合学生心理发展的需要，要与学生的年龄特征相适应；活动的安排要体现新颖性、时代性和兴趣性，让学生愿意参加，喜欢参与；活动的设计要考虑让每一个学生都能参与，使每一个学生都能进入角色活动起来；活动的开展要便于学生的真情流露，让学生在活动中敞开心扉；活动的内容要有相当的内涵，有一定的深度，"耐人咀嚼"，能引发学生的思考，给予学生启发；活动的进程要注意多种的训练和练习，并可以有适当的变式重复，因为人的心理是在活动中发展起来的，但不是也不可能在一次活动中即形成，它需要多次的反复训练和练习。

四、全体性原则

发展性心理辅导是面向全体学生、为全体学生服务的，是要培养全体学生良好的心理素质，提高心理机能，开发心理潜能，促进整体素质的提高和个性的和谐发展。因此在心理辅导课程中必须贯彻全体性的原则。

具体来说，在制订课程计划时要着眼于全体学生，在确定教育内容时要考虑全体学生的共同需要及共性问题，在活动的安排上要注意给每个学生以机会，做到全员参与。

我们都知道，渴望自己的内心世界被他人所了解，渴望了解他人的内心，是青少年学生共同的心理要求。他们总要寻找机会展示自己的才华、特长、爱好、兴趣和个性，虽然每一个学生表现的方式不尽相同，但希望能得到老师、同学的认同、接纳、欣赏的愿望是共同的。

心理辅导课程要充分关注学生的这种需要，要尽可能为每一个学生创造和提供机会。我们的着眼点是所有的学生，并尽量避免只让那些活跃的学生出头露面，而应当让那些平时不大引人注意、没有机会"表演"的大多数学生作为关注的焦点，给予他们足够的机会。实践证明，这些学生在参与中得到的帮助和收获往往更为强烈和持久。

当然，在注重全体的同时，也不可忽略个别有特殊需求的学生，要关注这些学生，给予及时、具体的帮助，最好这种帮助是不露痕迹的，以维护他们的自尊。

五、体验性原则

体验即实行，有体验就会有感受，就会有感动，也才会有醒悟。体验和感悟是个体经验于心态发生变化的重要环节。以往的教育过分强调外在环境对个体的影响，而忽视个体内在的心理历程及其影响，因而常常使教育缺乏针对性，常常使教育难以内化为学生的自觉行为。

心理辅导则强调自身的体验和感悟。因为心理辅导课程要解决学生自身的心理健康和健全人格的形成问题，它需要个体的经验为载体。按照杜威的观点，儿童的成长就是个体的经验由坏变好的过程。这种经验既然是个体的，那么个人的自我体验就显得特别重要。

因此，心理辅导课程必须遵循体验性的原则。对学生有意义的自我体验应该包括情感体验、价值体验和行动体验。这些体验就要在课程的设计中充分的考虑到，要创设一定的情境，营造一定的氛围，提供一定的时空来实现。学生从体验中获得有意义的东西，就是学生的感悟。因此，心理辅导课程的自我教育活动，它没有显性教育的痕迹，但它完全通过学生自己的体验和感悟，潜移默化地影响他们的成长。

六、相容性原则

心理辅导课程要求，在教育者与受教育者之间保持人格上的平等，情感上的相容创造出无拘无束、相互交流的氛围，形成师生、生生之间最佳的"心理场"，才能对学生的心理发展起到有效的促进作用。

相容必须要尊重。尊重是指要尊重学生的人格与尊严，尊重学生的权利和选择。教师以平等、民主的态度对待每一个学生，把每一个学生都看成是有独特价值和潜能的人，真诚接纳每一个学生，学生才能在感情上接纳教师，形成师生之间的情感相容。

相容必须要坦诚相待。教师对所有的学生都要一视同仁。学生的情况各不相同，有的知书达理、文质彬彬，有的蛮横粗野、缺乏修养，有的口若悬河、目中无人，有的词不达意、畏缩自卑……无论对待什么样的学生，教师都应该虚怀若谷、真诚接纳、不分彼此、以礼相待，而不厚此薄彼。

相容必须要信任。心理辅导课程的成功在于信任，情感上的相容也在于信任。师生之间只有建立起真正的信任，才能使学生在辅导活动中获得安全感而自愿投入、真情袒露。信任是一种感召力量，信任可以增进自信和勇气，它可以促使学生敞开自己的心扉，自觉接受他人的引导，获得收获和提高。

相容更可以带来合作。相容的感情纽带，带来了轻松、平等、和谐、愉快、融洽的氛围，它促进了相互之间的合作，因为合作需要真诚、诚挚、理解。合作又带来了愉悦的情感，促进学生的自我了解、自我发现、自我完善、自我接纳和自我提高。

第四节　心理辅导课程的教学方法

心理辅导课程的教学不同于一般学科的教学，因为它的目标不是传授心理学的知识，而是要通过一系列的心理辅导活动，让学生从中懂得认识自我、接纳自我、发展自我，提高自身的心理素质，培养乐观、向上的心理品质，促进人格的健全发展。

因此，心理辅导课有其独特的教学方法，它有别于学科知识的传授课，它不是知识的传授，不刻意去阐述心理学名词概念，而是深入浅出地帮助学生在轻松愉快的活动中得益。根据实践经验的总结，心理辅导活动课有如下的教学方法。

一、"热身活动"法

"热身活动"法一般用于活动课的开始。"热身活动"顾名思义就是让全身"热"起来的活动，好比是运动员参加比赛之前的准备活动。"热身活动"的目的也就是要让学生尽快的兴奋、活跃起来，积极地投入到接下来进行的各种形式的活动中，尽情地参与，大胆地开放自己。

"热身活动"的设计可以根据学生的年龄特点，有时可以没有什么明确的目标，只是让学生开心、兴奋；有时可以是围绕教学目标而设计的活动，它是一个序曲，或是一个前奏。它不求"最好"，但求"投入"，创设宽松的心理氛围，调动积极的参与热情。

"热身活动"的形式不限，完全可以根据学生的年龄和场地等因素来设计。一般来说，对低年级的学生，可安排跳健身操、做游戏，对高年级的学生可通过故事、歌曲、录像等。

二、情景体验法

心理辅导课教学是一种情感体验过程。情景体验法就是要通过辅导教师的设计，让学生进入模拟情景、实际情景或想象情景中去体验、去思考、去分析，了解自己的心理反应，获得情感体验，培养适应能力的一种方法。

例如，对考试过度焦虑的学生，可以设计模拟考试的场景，反复训练，不断强化，使学生的焦虑逐步消退；对学习自控能力不强的学生，可以带他们到学校或校外最热闹的地方去看书，讨论问题，作业练习，从而测定和训练学生的自控能力；要培养学生的想象力，可以通过辅导教师的指导语，在特定的场景中，在音乐的背景下，启发学生进行想象活动，并让学生把自己的想象叙述出来、表达出来。

通过情景辅导活动，让学生分辨哪些情绪情感是消极的，哪些情绪情感是积极的，学会调节、疏导不良情绪，提升健康的情感。

心理辅导教师在创设情景时要注意三点：第一，要充溢情感，以心造景，情景合一；第二，创设情景是一种暗示、一种渲染、一种陶冶，要关注教师与学生、学生与学生之间的心理相容程度，要注意关系的和谐平等；第三，要精心策划、周密组织，在内容的选择、程序的设计、载体的运用、手段的更新，以至具体细节上都力求围绕主题，严密有效。

三、角色扮演法

角色扮演法主要指个体在想象中扮演他人的角色，即试图把自己想象成他人，以他人的观点来看待问题，理解他人的处境和感觉，预测他人可能采取的行动及其对自己行动所做出的反应。

通过让学生扮演或模仿一些角色，重演部分场景，使学生以角色的身份，充分表露自己或角色的人格、情感、人际关系、内心冲突等心理问题。通过这种方式，达到消解个体的心理困扰，促进其心理正常发展的目的。角色扮演法是心理辅导中"心理剧"的一种形式，它能让扮演角色和进入角色的学生忘却自我，尽兴表演。

角色扮演生动有趣、简单易行，恰当运用角色扮演技术，对于消解学生心理困扰，促进学生心理素质发展有重要意义。

第一，角色扮演可以让情感充分达到宣泄。学生借助角色当众把自己的苦恼和焦虑讲述出来，可以把自己的不满和委曲倾诉出来，无所顾忌地宣泄自己的内心世界，以消除思想上的压力和自卑感，宣泄和释放压抑的情感，从而达到排除心理困扰和排解不良情绪的目的。

第二，角色扮演可以促进学生对他人的理解。让学生学会站在别人的角度上考虑问题，消除误会和不必要的猜疑，有利于学生摆脱自我中心，全面认识和理解他人。

第三，角色扮演可以使学生获得创造性的生活。在角色扮演过程中，学生可以创造性地扮演理想中的自己，他们不仅在心理发展上得到了提高，而且也可以根据自己的需要，能动地适应环境，创造性地生活。

第四，角色扮演由于是即兴表演，可以增强学生对环境的适应能力和随机应变能力，克服羞怯和自卑心理，培养交往能力，提高生活质量。

在心理辅导活动课中，常用的角色扮演技术主要有哑剧表演、空椅子表演、角色互换、自我改变、双重扮演等。

四、讨论分析法

讨论分析法是所有教学活动中使用最为普遍的方法。讨论分析法是指在辅导教师的引导和组织下，学生对某一专题各抒己见，经过讨论分析或争辩，得出结论的方法。

从形式来说，讨论分析法通常采用小组讨论和全班讨论两种形式，小组讨论的形式比较常用，而且效果比全班讨论来得好。小组的组合可以是老师随机指定，也可以是学生的自愿组合，一般以自由组合为主。这样的组合有利于学生的广泛交往，有利于学生畅所欲言。

从内容来说，除了集中讨论一个专题以外，还可以采取分题讨论的方法。在讨论过程中，如果分组讨论同一主题，则全班集中时，各组代表发言又难免重复，因此，采用分题讨论法较好。

分题讨论法就是把一个大的主题分成若干个不同的小专题，每一个小专题均围绕主题而设，是主题的组成部分。主题和小专题需要教师事先精心设计，而且，它应该是学生最关心、最困惑、最迫切想解决的问题。题目设计得新颖有趣，学生就会感到有话可说，有话能说，不吐不快。只有这样，他们才有充分参与和表现的机会，他们才会感到自己是思想和行动的主宰者，他们的自主性和选择性才能得到增强。

在采用讨论分析法的过程中，教师要做到导而不牵，循循善诱，达到自我教育的目的，并要注意引导学生变被动的听众为主动的演说者；注意引导学生变片面为全面；注意变注重结论为注重过程。

在讨论过程中，让学生共同分享的不仅仅是感受，还有彼此的关怀与支持。学生的每一个观点都会受到同学们真诚的关注。大家会极其耐心地倾听，设身处地地理解，积极主动地补充与修正。小组中这种新型的人际交往模式，不仅能增进大家的亲密感、信任感，还能促进同学间的接纳与关怀，增强学生的自信。

五、心理自述法

心理自述法是指让学生自由地表述自己的心理状况，也就是自己述说事情的经过和感受的一种形式。这种形式既是情绪宣泄的合理方法，也是引导学生深入思考有关问题的方法，它可以激发学生运用心理学的相关内容认识自己、分析自己的兴趣。

一般情况下，学生喜欢把喜悦与人同享，忧愁与人分担。活动一般采用学生自愿为原则，讲述自己对事件的感受、讲述自己的某次经历、讲述自己成长的过程、讲述自己的家庭、讲述自己的朋友等。低年级学生还可以通过"自画像"，让大家认识自我。学生用自述把情绪感染给大家，达到产生情感共鸣，有利于辅导的效果。

这种形式可以培养学生的语言表达能力；培养学生的自信、自我反省、自我认识的能力；锻炼学生的思维能力和克服害羞心理。

心理自述法是学生参与心理辅导活动的基本的方式，所以活动课要求每位学生通过自述，认识自己、了解别人。在具体运用的过程中，教师固然要善于引导学生表达自己的内心，但应注意尊重学生的人格，不触及学生的个人隐私。

心理自述法还可以从课内延伸到课外。尤其是对于中学生来说，受到时间、空间的限制，有的学生觉得言犹未尽，有的学生觉得回味无穷，老师就可以及时将课内的讨论思考延伸到课外，然后请学生将未讲完的感受或困惑，写在特定的本子上，有的学生将其起名叫"内心独白"或"回音壁"。这也是一种心理自述，不同的是它是通过笔来述说的，可以弥补课堂内时空不足的缺陷。

六、游戏活动法

游戏活动法是指以游戏作为中介，让学生通过游戏活动的参与，在轻松、愉快、和谐、活跃的氛围中自由表露自己的情绪，投射自己的内心世界，体验与反思自己的行为，分享同伴的经验与感悟，从而达到某种建设性效果的心理辅导活动。

德国教育家福禄培尔曾经说过，游戏是儿童内心活动的自由表现，是儿童最纯洁、最神圣的心灵活动的产物。正是这种自由，使学生摆脱了某种外在的控制和约束，让他们尽情地展露自我。这样既便于心理辅导教师与学生进行心灵的沟通，更能大大激发学生参与活动的动机和兴趣。因此，作为学生喜欢的游戏活动，它不仅可以带来欢乐，而且也是智力、情感、社会性发展的一种途径。

游戏可以促进学生人格的完善。学生在游戏中不知不觉地流露出真实的喜怒哀乐，也显露出存在的问题。通过游戏，学生可以满足平时无法满足的欲望，宣泄被压抑的情感，揭开人格的面具，使自己变得真实、豁达。

游戏可以培养学生的合群性。学生在游戏的欢乐气氛中感受友爱、合群的快乐，减轻或消除交往障碍，改善人际交往的状态。游戏可以培养竞争和合作精神。在游戏中学生会感受到同伴之间是相互依赖的，只有相互的支持和合作才能实现团队的目标和自己的目标，同时在与对手的游戏对抗中，学生的竞争意识得以增强，耐挫力得以提高。游戏可以帮助学生认识规则，遵守规则。学生在游戏中不知不觉地学习了规则，懂得了遵循规则的重要，在欢声笑语中培养了良好的习惯，提高了助人和自助的能力。

七、讲授法

讲授法是辅导教师运用口头语言，或借助其他手段给学生传授心理健康知识的一种教学方法。讲授既可以是教师的口头讲解，也可以采用多媒体的教学手段；既可以是简短的说明，也可以是系统的理论传授。

值得教师注意的是，不能简单地将讲授理解为就是教师讲，学生听。在心理辅导活动课中，十分强调教师与学生之间的沟通，教师与学生之间的互动。心理辅导课的教学主要是一种活动形式，但教师可以根据学生的需求、专题的需要和学生的年龄特点，适当的采用一些讲授的方法，尤其是对高年级的学生，还必须从理论上给以讲授、辨析，帮助学生理解和接受。对学生参与的活动和游戏也可作一些深入浅出的理论分析，通过分析心理现象，提高认知水平。当然辅导课程教学的讲授，必须依据事实，善于归纳学生的内心世界，帮助学生分析自己、认识自己，从而完善自己。

八、综合法

将以上各种辅导活动方法的综合运用的方法称为综合法。一般来说，一节心理辅导活动课，单用一种方法进行是极少的，通常要运用多种方法进行教学和引导。这是由学生心理现象的多变性、辅导方法的多样性、心理活动的差异性、学生参与的兴趣性决定的。

综合法不是一种简单的组合，不是形而上学的搬用，而是要求老师根据学生的年龄特点和心理发展的规律，根据辅导内容的内涵和需要，根据不同班级学生特点和班风的不同，有目标、有计划地进行合理的选择和组合，以提高辅导活动课的实效。

需要说明的是，在心理辅导活动课上究竟选用哪些方法为佳，要综合考虑各方面的因素，如活动专题的内容、学生的年龄特点、学校和班级的条件、时间场所的许可等。如初中生对辩论、竞赛、角色扮演等较感兴趣；高中生对自我测试、理性分析、讨论等较感兴趣。在选择方法时，应当考虑以上种种因素，尤其是因学生的年龄、心理特征而灵活运用。

第六章　中学生常见心理问题的矫治

　　在对心理辅导和中学生存在的心理问题有所了解，并且明晓了心理辅导教师对中学生要进行的心理辅导内容和具体辅导的方法与途径后，我们在这一章就存在于中学生中间的一些较普遍的心理问题，给出具体的辅导和矫治建议，供辅导教师参考。

第一节　抑郁情绪的矫治

据国内外的几项研究显示，中学生存在抑郁情绪的比例为 13% ~ 18% 不等，高于小学生 1.8% ~ 5.2% 的比例，抑郁情绪已经成为近几年中学生负面情绪的主要问题，需要心理辅导教师的重视。

一、抑郁的种种表现

抑郁症表现为一种长时间的、持续的、异常沮丧的症状。这一情绪状态妨碍了学生的日常学习与活动。总体上说，中学生的抑郁情绪与成年人的抑郁情绪没什么区别，如都表现为兴趣淡漠、被动消极、悲观绝望、难以融入现实生活。但是中学生的抑郁有其特性，其抑郁行为表现得比较突出，如逃学、不服从教师或家长的管教、学习成绩下降等。

下面是一些学生抑郁情绪的主要表现，体现在情绪、认知、动机和躯体四个方面。

（一）情绪方面

抑郁的学生在情绪方面，表现为沮丧的状态，对外界事物冷漠，对从前让他们感到愉快的事物或活动失去兴趣，不能对幽默做出反应。

（二）认知方面

据调查，27% 的抑郁者表现出否定性的自我评价。在学生群体中更是如此，自责或犯罪感也较为普遍。否定自己的学生倾向于责备自己，把行为的过错归咎于自己。此外，抑郁的学生还对未来抱有一种悲观绝望的态度，认为自己毫无前途，事情只能越来越糟。这种悲观绝望情绪是十分危险的，因为自杀行为常与此有关。抑郁在认知上的另一个表现就是不能专心致志于学习与工作，一项对中学生的调查表明，77%的抑郁者有此症状。

（三）动机方面

抑郁的学生易产生社交退缩的行为，甚至产生自杀的意向。抑郁的学生倾向于避免社会交往。因抑郁而导致社交退缩的学生应当区别于那些社交障碍的学生。前者在患有抑郁之前是一个主动交往的人，抑郁是造成交往退缩的主要原因，而社交障碍的学生则一直是一个自我封闭、不与别人交往的人。调查表明，大约有2/3的带有抑郁情绪的学生表现出了社交退缩。

（四）躯体方面

在身体症状方面，抑郁的学生是很容易观察并识别的。他们表现出无缘无故的疲倦，经常诉说头痛、胃痛或身体其他部位的疼痛，并经常出现睡眠障碍，不是睡得过多，就是失眠。此外，还有因食欲不振导致的体重下降，运动、言语和反应迟钝等。

二、抑郁情绪的产生原因

目前，人们对抑郁情绪发生的原因所知甚少，可以断定，抑郁与生物遗传和环境影响均有密切关系，但确切的关系尚难以肯定，在此向辅导教师介绍几种常见观点。

（一）生理学理论

生理学家侧重探讨大脑的生化过程和遗传因素对抑郁的影响。他们主要以成年人为研究对象，发现大脑的血清素过滤系统和大脑神经递质（如多巴安）与抑郁有一定的关系。他们对中学生及儿童的研究不多见，主要以研究性激素、新陈代谢为主，目前还未发现与抑郁有关的生理因素。对双生子的调查则发现，遗传因素是抑郁的一个原因。

（二）精神分析理论

精神分析理论认为，抑郁与人格结构中的超我有关。由于学生的超我结构尚未形成，所以不易患有抑郁。当超我的攻击性指向内部时，人们易患有抑郁症。精神分析关于抑郁问题的探讨仅停留于理论水平，缺少经验材料的证实，因此精神分析理论仅是判断抑郁成因的一家之言。

（三）行为主义理论

行为主义则倾向于认为，抑郁产生于个体未能在与他人的社会交往中产生肯定性的强化。由于未能得到这种肯定的强化，个体便缺少与他人交往的社会技能，如此又导致肯定强化的减少，如此循环易诱发抑郁。所以，当个人在其社会行为中受到较少的肯定性强化时，他们容易产生消沉、沮丧和抑郁，这种情绪又可诱发低自尊、悲观与罪恶感。行为主义用"受到较少的肯定性强化、缺少社会技能"来解释抑郁，我们在接受这一假设之前应当思考的问题是，上述这些因素究竟是抑郁的原因还是抑郁的后果。

（四）认知理论

认知心理学对抑郁情绪有所研究，用"习得无助"和"归因"这两个概念来解释抑郁。认知心理学家认为，当个体相信自己不能控制生活的结果时，他们会产生抑郁。这种无能为力感便是习得无助。习得无助会使人把自己行为的后果归因于自己不可控制的力量，陷入悲观、绝望的抑郁状态。

以贝克为代表的认知理论则认为，抑郁与人们的自我评价有关。抑郁的人倾向于消极地看待自我、世界和未来。在看待自我、世界和未来的时候，他们使用一个稳定的否定性图示。这一否定性的认知图示使其歪曲地看待现实，在认知自我、世界和未来时倾向于高估否定性的行为，低估自己肯定性的行为。对自己行为的录像评估研究证明了这一点。这种自我歪曲和消极的认知图示是导致抑郁在认知上的重要原因。

三、抑郁的矫正治疗

抑郁情绪是造成学生自杀的重要原因，对于那些患有抑郁症的学生应当及时治疗，学生抑郁症的治疗是一个系统性干预，目前的干预，尤其是心理干预仅仅是刚刚起步。

对于重度抑郁情绪的学生，他们需要先进行药物治疗，再缓解病情后，辅助以心理治疗。辅导教师若是发现有这种情况，务必将学生送到专门的心理治疗机构，以免延误治疗。

而对于轻度抑郁情绪的学生，辅导教师可以自行采取心理辅导，主要治疗方式有认知疗法、社会技能的训练等。

小李是一个十五岁的女孩，三年来老有一种难以言状的苦闷与抑郁，总感到前途渺茫，对一切都不顺心，老是想哭，但又哭不出来，即使遇到喜事，也毫无喜悦的心情，过去很有兴趣去看电影、听音乐，但后来就觉得索然无味。小李深知长期忧郁苦闷会伤害身体，但又苦于无法解脱，并逐渐导致睡眠不好，经常做噩梦，食欲不振，有时很悲观，甚至想一死了之，但对人生又有留恋，因而下不了决心。

辅导教师采取了以下的一些方法：

（一）教会她以自我对话的形式控制自己的情绪。

（二）教会她从事愉快的活动，并让她借助记日记监控这一活动：每天晚上记日记，写下令自己最开心的活动，并对开心的程度进行评价，每天都对自己的情绪进行描述与监控。

（三）取得父母的配合，让她写出什么事情意味着父母爱自己和自己是值得爱的，然后让父母做这样的事情，并定期在一起交流，使她感受到自己有人爱。

（四）在学校中教给她社交技能，如与人怎样打招呼、怎样倾听别人谈话、从他人角度想问题等，并让教师提供及时强化。

经过系统的干预，小李的病情有所缓解。

由此可见，干预需要家长和教师的配合，要改变的是一种交互作用的模式，而不是症状本身。

第二节 攻击行为的矫治

攻击行为是中学生偏差行为的一种，如不加以矫正，会对社会产生危害，更为严重的是影响学生的一生行为模式。所以，心理辅导教师要深入研究学生的攻击行为，将所学运用到工作中。

一、攻击行为产生的原因

攻击行为或攻击倾向不同于学生平时的打架骂人。它是专门指出于品行、习惯和非理性冲动而产生的旨在伤害他人的行为。

攻击行为的产生出于某种具体的原因，而只是满足学生一种不健康的心理需要。攻击行为还可以分为若干类型，如有团伙型的攻击行为，即有相似需要的人组成一个亲密无间的团伙，专门欺侮他人，中学校里经常可以发现这样的小团伙；有单个型的攻击行为，即攻击者没有任何朋友，十分孤独怪僻，对人冷漠，使任何人无法接近，没人知道他的内心世界。这种人心中充满对他人，乃至对整个世界的不满，更是充满对自己生活的不满，经常通过伤害他人表达自己的不满。

此外，我们还可以把攻击行为分为身体伤害和口头伤害，还有恶意的态度和敌对的情绪。所以，中学生的攻击行为也是多种多样的，判断它们的标准就是看是否以伤害他人为目的或者无缘无故地伤害他人。当然，应当承认，在一些情况下，攻击行为与打架骂人现象很难严格区分，一个有攻击倾向的学生会千方百计地寻找各种理由来打架，并把责任推到他人身上，其打架骂人行为似乎总有具体的诱因，但实质上，是其攻击倾向在作祟。

关于攻击行为的产生原因，一般有以下几种观点：

（一）弗洛伊德的先天论

弗洛伊德持有先天论的观点。弗洛伊德认为，人有两种生物本能：一为追求身体快乐、融合的爱本能；另一为追求死亡、分裂与毁灭的死本能。死本能又称攻击他人或攻击自己的本能。其能量指向外时就攻击伤害他人，指向内时就是虐待与伤害自己。由于攻击是一种本能，所以其力量十分强大。

弗洛伊德认为，人们对战争的狂热、对对抗性比赛（如拳击、足球等）的喜爱就是缘于此。社会力量要控制人的这种攻击冲动，使之转移到合法的体育比赛中，而不能彻底消除之。个体这种先天的攻击能量在童年时期如果得不到适当的约束或发泄，就会造成一种攻击性格，影响人的行为。

弗洛伊德的假设，缺少科学证明，仅为攻击行为成因的一种说法而已。攻击行为有生物因素（如遗传、生物激素）的影响，但并不取决于先天的生物因素，而是从后天的社会环境中学习的。人生下来是不会攻击别人与不爱攻击别人的，环境的强化塑造了人的攻击行为。

（二）挫折

美国心理学家道拉德和米勒认为，攻击行为是因为个体遭受挫折引起的，挫折容易导致（但不必然导致）人的攻击行为。因为挫折会导致人的消极情绪，消极情绪的发泄就是攻击行为。

所谓挫折是个体在追求某一目标受到阻碍或招致失败时形成的，有时造成挫折的可能是他人。例如，你想看一场电影，但母亲要你温习功课，你难免有一种挫折感或者别人赛跑测试全都及格了，唯独你没及格。经验事实支持这一理论假设。

有一项实验研究证明了挫折与攻击行为的联系。让两组孩子观看一间装有诱人玩具的房间：第一组孩子先隔着铁窗看，但不允许进屋玩，引起挫折，过了一会儿才让进屋里玩；第二组观看后马上可以进屋里玩。结果，第一组的孩子中许多人损坏玩具，发泄攻击性，相比之下，第二组孩子则能平静地玩玩具。

（三）模仿与强化

攻击行为还受到模仿与强化的影响。模仿是学生学习做人的重要途径。有些学生听见大人说脏话，就会进行模仿，看见电视或电影中的攻击行为，也会模仿。学生只凭借观察就会学到许多东西。但模仿一件事情或某一行为，他们日后一定会表现出该行为。譬如，许多女学生经过观察已学会如何打架骂人，但她们比男生通常表现出较少的攻击行为，这主要是强化的作用。

心理学家班杜拉做过一项实验。他让儿童观看一个成人踢打一个与真人大小的玩偶。儿童分为三组：第一组儿童看到这个成人受到了实验者的奖赏；第二组儿童看到这个成人受到了惩罚；第三组儿童看到的是这个成人既没受到夸奖，也没受到惩罚。然后，让儿童们来到房间玩玩偶，三组中都有儿童模仿攻击行为，但第一组最多，第二组最少。这说明，经过观察，孩子们模仿了成人的行为，并且这一模仿还受到了他们对行为后果预测的影响。看到成人受惩罚的那组儿童，不易形成模仿。

如果稍微改变一下实验条件，对三组中模仿成人攻击行为的那些孩子直接给予强化，如赠送小贴画、小食品，这意味着鼓励孩子们尽可能多地模仿成人的行为，则结果大变，所有的孩子，无论男女都增多了模仿。这说明，对于表现出模仿行为来说，强化是一个重要条件。

孩子和家长可以构成一个相互强化的系统，形成孩子攻击行为的习惯。例如，一个孩子想摆弄一个钟表，母亲制止他，于是孩子又打又闹，纠缠不休，无奈之下，母亲只好屈服，让他放手去玩，结果孩子在打闹中得到了自己想要的东西，而母亲则通过屈服得到了自己想要的东西——孩子的安静，以后孩子就会习惯用打闹来获得自己想要的，母亲则学会通过对打闹的让步来平息孩子的情绪，这样就会构成恶性循环，使孩子惯于攻击行为，或懂得只有实施高压策略才能得到想要的一切。

某些家庭对孩子的攻击行为施以强烈的惩罚（如体罚），但这样造成孩子不仅不会收敛自己的攻击行为，反而变本加厉，常常攻击别人。这是因为，孩子在自己受惩罚过程中，学会了用高压手段或暴力手段的有效性。所以，面对冲突、面对弱者时，他使用父母对待自己的方式对待他人。他知道高压攻击是唯一解决问题的途径。可见，对孩子攻击行为的体罚往往难以真正见效。来自暴力行为较多家庭的孩子，往往更了解暴力的效用，更知道如何使用暴力手段。他们在家服服帖帖，在外去欺侮别人。

二、攻击行为的辅导矫正

下面介绍一些攻击行为的辅导矫正方法，供辅导教师参考。

（一）角色扮演法

每个学生都在尝试学习某种社会角色，每一种角色都让扮演者体验到一定的情绪状态。在攻击行为中，攻击者扮演着专制、残暴的角色，被攻击者则体验着恐惧、逃避、愤恨、顺从、悲伤、委屈的情绪体验。

研究表明，如果我们让那些爱打架、爱欺侮人的学生充当挨打者的角色，让他们体验一下被欺侮的心情，对于他们矫正攻击行为很有好处。这可以以心理剧形式来实施。例如，教师可以让一个"打架大王"与平时受欺侮的学生一道排演一个剧，剧情中包含着人际冲突的情节，弱小的学生充当主动打人的人，"打架大王"充当受侮者，要求"打架大王"细心体验角色要求，想象自己挨打后的表情反应、委屈和悲伤，并表演出来。经过这样的练习，"打架大王"学会了从挨打者角度想问题，意识到了打架给他人造成的心灵痛苦，从而抑制自己的攻击冲动。

（二）榜样学习法

一些学生出于对强盗、枪手的羡慕而模仿他们的暴力行为。例如，如果电视中的主角总是采取暴力的方法，则会增加中学生的模仿，尽管暴徒在剧中受到惩罚，但暴力行为占很长时间，而惩罚是短暂的一小段。

如果整个社会宣传和平，树立的英雄人物形象都是重智慧的、讲道理的，并且，让学生看到暴徒自始至终都在受惩罚，就会减少他们对暴力的模仿机会。我国的动画片、电影及电视片，多是弘扬和平主题，近几年，随着对外开放与交流的扩大，一些充斥暴力情节的影片开始进入我国，并深受一些中学生的喜爱，它的负面影响很大。

攻击行为的防治是一个系统工程，是一个长期的任务，重点不在个别矫正，而在于社会风气、家庭环境的综合干预。社会风气正了，团体气氛纯净了，攻击行为就会缺少滋生的土壤，学生的攻击行为也就无法施展其破坏力。

第三节　逆反行为的矫治

一些中学生总是无缘无故地不听从家长与教师的要求，甚至对着干。他们的行为似乎以不顺从为目的，就像有意与家长或教师赌气似的。这种反叛式的行为模式与捣乱调皮的行为有所不同，许多孩子因为自制能力差而违反家长的要求，他们这样做的时候知道自己的过失，而且表现得忐忑不安，而反叛的行为模式以对抗权威为目的，故意与权威作对。

一、逆反与反抗的原因

调查发现，不爱听大人话的孩子的家庭一般具有这样一些特征：父母总是对孩子提出过多、过细的要求，对孩子提出过多责问与批评，而且常常以不满的、羞辱的和消极的方式提出这些要求。父母的这种行为模式与学生的反抗行为有关。

有人用实验证明了这一点，当向学生提多项要求的时候，后六项要求比前六项要求更少得到遵从，儿童懒得对后六项要求做出反应。所以，当父母喋喋不休地提出自己的要求时，他们容易招致抵抗。

此外，家长提出要求的方式也会引起孩子的反叛，如果家长提出的要求总是过于笼统、空泛，令孩子觉得无从做起，孩子就会对这些要求产生反感，从而产生敌对态度。

家长在约束孩子或提出要求时，应前后一致，不可自相矛盾。例如，不能时而要求孩子拾金不昧，时而对孩子捡东西不上交或不找失主加以认可。在提要求之后，家长还应及时监督执行，对按要求做的遵从行为予以表扬，对无故不遵从的行为及时提出批评。这样，父母才能树立自己的威信，使孩子尊重自己。

有人将孩子对父母不遵从的原因归咎于父母对孩子过于宽松，主张从严治子，其实并不见得如此，那些不听家长话的孩子并非出自亲子关系平等、长幼沟通及时、关系随便的家庭，而是出自家教严格但无序的家庭，家教严而多，但十分混乱无序，使孩子无所适从，或觉得繁琐，长此以往，家长便失去控制，变得威信扫地，在这样的家庭中不乏实施严重体罚的，但控制与威信一经动摇，体罚也无济于事了。

在我国，父母认为孩子还未成人，很多事情都要代为处理或灌输思想，不给孩子任何自主性的空间，许多孩子从不知什么是自我选择与决定，在各式各样的要求中机械地生活着，表面上看学生不用自己费心神，但却是被剥夺了权利，十分容易感受到挫折。他们似乎认为生活不是真正属于自己的，而是属于父母的，所以很少体验到投入一种真心喜爱的事情的快乐。在这种"要求"的包围下，他们最不易领会到父母的爱心，而是拒斥、反感。

目前存在一种看法，认为反抗或逆反行为是青春期的孩子必然要出现的，是青春期的孩子萌发独立意识的一种表现，这种看法难免过于笼统。如果这一假定正确，那么势必所有经历青春期性成熟的孩子都会变成摩拳擦掌、不听任何权威指挥的人，可事实并非如此。

青春期的孩子也有一些听话、遵从大人意见，有一些是不听话的，与青春期之前及之后的孩子没什么两样。可见，我们不能把逆反当做青春期的专利。人毕竟是社会动物，性成熟不会对人产生如此重要的作用，以至决定人的行为模式。

二、逆反与反抗的辅导矫治

研究表明，逆反与反抗主要原因还是出于家长与学生的关系，辅导教师可以采用这样一种方案矫治学生的这一类行为问题。

　　首先，作为矫治计划的第一个阶段，让家长按部就班地投身于学生所喜欢与选择的游戏中，加入学生的行为，中止任何的命令、疑问与批评。在这一阶段，训练家长学习奖赏孩子，并运用于游戏中。

　　第二个阶段，让家长决定学生的游戏，并主动参加这一游戏。这时家长要学习发布直接、准确的命令，允许儿童有充分的时间遵从这些命令，并使用给予注意来奖赏学生的顺从行为。如果学生仍违抗命令，家长可以实施下列程序：先警告学生，如果不听从命令，就不让他再玩，如果这招不奏效，就把学生放到角落的椅子上。直到学生能在椅子上安静地待上两分钟，再允许学生重新完成游戏。家长重申自己的命令，一旦学生遵从，立即给予关注。结果表明，学生的遵从行为增多了，家长也使用了更多的肯定性陈述和表扬来夸奖学生，模糊的命令也变得更少了。

　　这项研究还发现，接受矫治的学生的攻击行为与哭喊也变少了，而他们没接受这一矫治的兄弟姐妹身上的反抗行为也减少了，这一效果被归咎于家长学会了以肯定的态度和民主的方式来对待他们。

第四节　自杀行为的矫治

学生时代是心理危机多发时期，由于心理不成熟，加上脆弱的承受力，学生自杀已经成为一个令全社会关注的问题之一，尤其是在发达国家，中学生自杀是十分严重的社会现象。据美国的调查，在 15～24 岁的中学生中，自杀是非自然死亡的第三大原因。每年有万分之三的中学生自杀。这与西方国家的生活压力与生活方式有一定关系，如离婚率的上升、父母对孩子的疏远与虐待，无人照管孩子等。

在我国，学生的自杀率的上升也不容小视，辅导教师必须对学生进行此方面的心理辅导。

一、学生自杀的主要原因

中学生的自杀行为有多种原因，可以总结为以下几方面：

（一）压力与危机意识

这一类型的自杀学生早年的经历往往是一帆风顺，后来突然遇到了极其不幸的事件。这些事件可能是失去了亲人、自尊心受到了伤害，还可能是遭受突如其来的打击，他们在精神上受到了巨大的创伤。

在我国，升学压力与失败是这种自杀的一个典型表现。每年高考过后总是学校和家长紧张的时刻，这一时期，总会有个别思想负担过重的学生经不起失败的打击，或者在家长的责备下觉得无脸见人，而走向了自我毁灭的道路。值得深思的是，不仅学习成绩不好的学生在考试的压力下产生轻生念头，而且学习成绩优秀的学生为了保持这样的成绩也会感觉到巨大的心理压力。

自杀与家庭教育方式有一定的关系。一方面，个别家长把自己当年未完成的志向传递给了自己的孩子，让孩子去实现自己的理想，因此，他们给孩子定下了过高的标准，对孩子的学习水平有一种不切实际的要求，一旦达不到这一标准，他们就会感到不平衡。

另一方面，在这种高要求面前，学生也会变得把学校当作一个拼争的战场，他们把学习成绩优秀当做得到家长宠爱的唯一机会，在家长过高的期望面前，他们格外努力，因为只有这样才能让家长保持对自己的关注。一旦考试失利，则意味着失去这种宠爱。所以，他们的学习变得外在化，只盯住考试的分数与结果。在学习中，他们根本体验不到任何欢乐，只有得到高分数的时候，才是最高兴的，这就使他们变得感情淡漠，生活内容单调，只知机械地学习，没有正常的娱乐生活，一旦考试失败，则意味着人生意义的全部丧失，他们会变得心情抑郁，忧心忡忡，觉得活着没有意思，易出现极端的行为。

（二）孤独感

学生的孤独感一般从 10 岁开始出现，到 20 岁时达到较为严重的程度，容易出现自杀行为。孤独的人大部分业余时间是自己一个人度过的，他们与同学或其他成年人的关系十分糟糕，由于没有好朋友，所以在他们心情不好的时候没有人可以倾诉。

这些人的家庭似乎与正常人的家庭没有什么区别，但细致分析就会发现，他们的父母对于孩子的前途过于担心，并怀疑自己是否具有当好家长的能力，所以他们要求子女成功仅仅是为了消除自己的不安全感和失望感，他们把自己对人生的失望传达给了孩子，使孩子在抑郁的气氛中生活，没有欢乐和轻松。

孩子在这种家庭环境下成长易形成内向抑郁的人格，会觉得自己如何努力也不会满足父母的期望，所以对自己的未来感到深深的绝望。他们会觉得自己与他人不是一类人，与周围的人格格不入，与社会生活格格不入。他们身上存在一种无名的异化感，别人笑时，他们不能起感应，总觉得别人的事情与自己无关，以一个旁观者的身份来面对生活。他们缺少热情，认为没什么事情是值得努力的。

当开始独立生活时，他们不会处理自己的冲突和难题。当遇到挑战时，他们觉得是对自己成功的一次威胁。由于缺少足够的能力，并缺少知心朋友来发泄自己的烦恼，他们很可能会陷入一场彻底爆发式的自杀危机。

（三）越轨冲动

这一类型的自杀的学生其行为总是受情绪支配，不善克制自己。他们的自杀行为往往具有一种犯罪和示威的色彩，具有很大危险性和破坏性。这些孩子一般有不良行为或犯罪行为，如吸烟、酗酒、偷窃、打架、离家出走，他们一般都经历过许多既无法理解也无法承受的不幸事件，如性虐待、大人的引诱和流氓团伙的影响，他们从此变得自暴自弃，开始放纵自己。这种不幸的经历使他们的情绪变得不稳定，以冲动的方式来应付现实问题，在遇到无法解决的问题时，如犯罪情节严重或惩罚严厉时，他们便会感到彻底绝望，以死来抗议这个在他看来无望的世界。

二、自杀之前的表现

学生的自杀行为是一个长期心理发展，最后演变现实的过程。总体上说，是先有自杀的企图和想法，当这种想法一再出现又没有人加以劝阻和理解时，他们就有可能使自杀的企图变成自杀的行为。所以，识别自杀的企图是很重要的，察觉自杀表现是辅导教师帮助自杀倾向学生的第一步。

（一）言语表示

有自杀企图的学生总会在言语上有所表现，如经常说一些令人深思的话：

"我如果死了，你会难过的。"

"如果我死了，你将怎么办？"

"我死了你会后悔的。"

……

辅导教师要格外关注表达这一类语言信号的学生，并告知学生当发现身边的同学有此表现时，应及时报告老师。

（二）抑郁情绪

据统计，抑郁症患者中自杀者的比率高达 50% ~ 75% 。也就是说，一半以上的抑郁症患者会采取自杀行动，这是一个惊人的数字。所以，如果某一学生被诊断为抑郁症，我们要十分小心，要防止他们因心情压抑而走上轻生的绝路。在多次经历挫折后，学生是容易得抑郁症的，把这一病情控制住，就有可能防止自杀行动。

（三）极度疲倦

如果一个人总说自己感到生活太累了，有些承受不住了，我们就要想到自杀的可能。一般正常人的疲倦不表现为抱怨，而是要休息，以恢复体力与精力，他们在疲倦时不愿与人讲话，而有自杀心态的人则愿意夸大自己的疲倦以引起人们的同情与关怀。另外，这种极度疲倦与抑郁的心理也有一定的关系，它表明活着对于自己已构成一种痛苦，不如死了的好。这是一种寻求解脱的症候，要引起辅导教师的格外注意。

（四）心神不安

当一个人心神不安时，我们要格外注意他的一言一行。心神不安可能是心理的焦虑，也可能是内心矛盾冲突的外在表现。一个人想做某一重要事情却又无法决定时，他就会表现出心神不安，吃不进去饭，睡不好觉，这说明心理的矛盾与冲突，当他们度过这种冲突和矛盾期后，他们就不易反悔了。这里他们的选择不是自杀与不自杀，而是用何种方法来结束自己的生命。所以，及时发现矛盾是很重要的事情，因为，在这一时期，阻止他们自杀是相对容易的。

（五）创伤

一个有心灵创伤的人是容易走上自杀之路的，一个人经历的创伤越多，他以后经历创伤时就会有越多不幸的联想，从而形成一个恶劣心情的不良循环，最后，压力和不幸越积越深，导致心灵无法承受，只好以死来摆脱这种极度的不幸。所以，对于每一种生活的不幸都要及时予以缓解，不可让之郁积很久，酿成大祸。

（六）赠送心爱的东西

学生实施自杀前的一个表现是赠送自己心爱的东西，也许是朋友、也许是教师、也许是父母。但是这一点一定要和其他表现共同参看，送别人心爱东西不是自杀行为的必要条件。

（七）离群索居

一个人如果从不与他人来往，总是独处，他就是一个有自杀危险的人。如前所述，一个不与任何人倾诉内心世界的人，遇到压力时就不易缓解，从而想不开。另外，一个没朋友的人很可能是有心理疾病的人，如精神分裂、抑郁症患者都是没有朋友的人，他们也是自杀的高危人群。

遇到学生上述表现，辅导教师应引起重视。一个人决定自杀之前总是在行为上有所表现，许多家长和教师把问题简单化，忽略了这些行为变化，直到孩子自杀发生后他们才恍然大悟，但为时已晚。许多自杀的学生只差一步他们的生命就能得到挽救，因为他们不像大人那样对自己的行为有坚定不移的信念，他们的自杀并不是出于审慎选择之后的决定，而是一种一时的冲动，很容易纠正过来，关键的问题在于及时发现问题所在。

三、自杀行为的治疗与预防

对于中学生的自杀行为来说，积极的预防要比事后的治疗更为有效和重要。所以，辅导教师的工作重点应该放在预防上。

在学校教育中，历来都强调生的教育，而忽视死的教育。其实，生死观的教育都应成为学校教育的一部分。学生既需要了解生是怎样一回事，也应知道死是怎么一回事，他们能否学到这两方面的知识也会影响到他们的现在与未来。当然，对死的知识有兴趣的人中也不乏别有用心的心理不健康的人，但这不应构成我们回避这一问题的原因。

在学校中，回避自杀问题的一个不良后果就是，使一些有自杀企图的学生从其他方面得到有关自杀的不正确的消息，使他们对自杀行为充满好奇心。

根据上面所述，辅导教师可以开展以下一系列工作：

（一）对学生的教育

辅导教师要对学生进行教育，要让学生了解自己的抑郁感和自杀的想法。自杀中学生接触最多的是他们的朋友，因而他们的朋友就最有可能成为他们的救护员，这些人应该在必要的时候为他们提供及时、有效的帮助。

中学生在成长过程中，不可避免地要出现独立与反独立的矛盾。这一矛盾似乎也会在其朋友的选择上得以体现。由于代沟的作用，青少年往往认为成年人对他们不理解，却经常干涉他们的自由，而同学则往往由于共同的需要和兴趣，表现出同情心，不会对他们的行为进行干涉，同学更会对他们所讲的事情保守秘密。

然而，正是由于上述特点，同学一方面是自杀孩子倾诉心中苦闷的最佳人选；另一方面，同学在知识和经验方面的不足又使他们成为最无能的救护者。青少年最讲义气，一旦答应为别人严守秘密就很难反悔，他们不愿干涉朋友的事情，在关键时刻常常不知所措，害怕承担责任。有时，他们明明知道朋友的自杀企图，也不会将这一秘密告诉任何人。尽管他们具有上述的特点，但由于他们与自杀学生的特殊关系，仍是救护工作的最佳人选。

所以，预防工作的一个重点是教育学生了解自杀行为的严重性和心理原因，学会如何识别那些企图自杀的同学，有效地应付自杀行为。实际上，那些自杀者周围的学生是很愿意帮助他们可怜的同学的，只是不知如何做。

教师对学生工作的重要内容之一是让他们克服矛盾心理，作为自杀者的好朋友，他们面临着矛盾：一方面要遵守诺言，为朋友保密；另一方面，他们又要帮助自杀者，使其不要走上自我毁灭的道路，这使他们进退两难。辅导教师应当向学生们讲明学校的有关咨询部门是如何工作的、教师知道这件事之后是如何做的，让学生了解大人对这件事的真正态度和反应，认识到让别人知道此事没有什么不利的后果，这就能减少他们报告此事的心理压力。

（二）良好的心理健康环境

对于自杀的预防，最有效的方法是建立一个良好心理健康的环境，对学生进行心理健康教育。学生一旦出现自杀企图，说明学生的心理健康情况恶化了，已陷入心理崩溃的边缘。其实，如果人人都心理健康，了解自己生命的意义所在，充满积极向上的活力，就不会有自杀行为了，治疗也就没必要存在了。

辅导教师应当积极开展心理健康教育，应当具有一个学生相互理解、相互支持、鼓励奋发进取的环境，使学生感觉到做人的尊严与友爱。学校应当着重培养学生爱学习、负责任和勤劳肯干的作风，使学生树立正确的人生观，具有正确的自我评价能力，正确处理别人与自己的关系，学会自我管理。

（三）通过心理咨询机构

学校的心理咨询室十分重要，一些学生在向辅导教师咨询时，就会透露出某种轻生自杀的倾向，辅导教师就可能及早发现有自杀倾向的学生。另外，对于有自杀倾向的学生、学习成绩差或情绪不稳定的学生，辅导教师可以组织团体心理辅导，学生们讨论自己的问题、相互帮助、进行交朋友训练等。

对于有特殊需要的学生，辅导教师另外安排特殊教育，在特殊教师和特殊的课程安排坏境中上课，这样就不会使这些落后的学生产生过大的心理压力。由于面对的都是一些共同的问题，这些学生可以相互学习，相互促进。

第五节　考试焦虑的心理辅导

考试焦虑是一种学习问题，同样是一种情绪问题，中学生是该问题的高发群体。辅导教师应及时发现考试焦虑的学生，辅导他们摆脱此种消极情绪的困扰，重回学习的正轨。

一、考试焦虑的表现

焦虑是由紧张、不安、忧虑、担心、恐惧等心理感受交织而成的复杂情绪状态。焦虑大多是因为感受到外界对自身的威胁和内心冲突而引起的，不过这些威胁一般是想象成分多于真实成分，焦虑中的人往往夸大威胁的严重性。它可以是正常的，也可以是病态的；它可以是偶尔发生的，也可以是持续存在的。考试焦虑是学生常见的情绪问题。

考试焦虑是指在考试前出现的焦虑反应行为。它是由于学生担心考试失败所引起的紧张情绪，表现为临考或考试时高度紧张，造成水平无法发挥，致使考试失败。考试焦虑会引起一系列的生理与心理反应，学生会出现注意力分散、思维迟钝、记忆困难等。心理反应通常还伴有头痛、紧张、发抖、呼吸困难、胃痛，严重者会有心悸、呕吐、腹泻、四肢乏力、手脚麻木等症状。

有些学生的考试焦虑是一时性的，大多在考试前出现；而有的学生的焦虑是经常性的，表现为时时焦虑不安，经常性失眠、做噩梦，体质虚弱。考试焦虑不但影响学生的学习，而且影响学生的身心健康。

二、考试焦虑的原因

引起中学生考试焦虑问题产生，有如下几个原因：

（一）对考试的意义与价值估计过高

有些学生对考试的意义估计过高，所以心理压力过大，对考试成绩过分担忧，唯恐考试结果不理想，越担心越紧张，直至演变为焦虑症。

（二）自我期望水平过高

自我期望水平超过实际水平，目标定得过高，造成理想目标与现实水平之间差距较大，由此可能导致内心中的矛盾与冲突，从而引起学生的焦虑感。

（三）自信心不足

一些备考的学生对自己缺乏信心，无端怀疑自己的能力，因而在考试时经常担心失败、害怕失败，结果，越担心，越害怕，越紧张。这种心理认知的反复作用，加重了学生的考试焦虑。

（四）过强的消极体验引起的条件反射

焦虑的一个原因可能是学生经历过消极体验。考试前或考试中某些主观或客观的因素，例如考试准备不足、害怕监考老师、遇到不会的题等，都有可能会产生一些紧张感或焦虑感。这种消极体验可能会成为一种信号，使学生建立起一种消极的条件反射，成为一种稳定的行为反应。

三、考试焦虑的辅导方法

对有严重考试焦虑并已产生不良影响者，应引起辅导教师的高度重视。当发现有此焦虑症状的学生时，辅导教师可以通过他的任课教师来进行心理辅导，首先和任课教师共同分析焦虑产生的原因，同时，让任课教师不对学生进行讽刺、挖苦。

辅导教师还可通过学生家长来实现心理辅导。考察一下，学生焦虑有没有家长的原因，例如，父母对孩子期望过高等。如果有，那么要求父母放弃对子女过高要求，不要把子女与别的孩子相比较，更不要斥责、打骂孩子。只要孩子努力了，比过去有所进步，父母就应该加以赞赏。

同样，焦虑产生可能是学生自身的原因。如果学生自己对自己要求过高，好胜心强，竞争意识过分强烈，辅导教师要教育他正确看待成功，放弃过高的自我要求。根据自己的实际情况，树立切实可行的目标，让学生能有成功的体验。建立目标时不应急于求成，好高骛远。在考试前，辅导教师可以指导学生进行自我鼓励，通过口头语言或书面语言给自己打气。自信心水平提高了，紧张焦虑情绪就能得到有效的缓解。

引导学生正确对待考试失败引起的挫折，不要把考试结果看得太重。让学生明白，通过考试重要的是发现自己的长处与不足，并且通过努力能提高自己。而对别人的看法不必多加在意，失败并不可怕，可怕的是被困难和挫折压倒。鼓励学生振作精神，战胜挫折，以轻松的心态去学习。

教师还可以帮助学生在考试前分析此次考试失败的后果，让他心理上有所准备，并帮助他消除这些顾虑。比如，让学生考前写写考坏了会怎样，他会写：让人看不起，父母不满等等。让他提前知道考试的后果，心理上有所准备。

另外，教师可以提前做父母和同学的工作，以友好的态度对待他，不可以讽刺和讥笑他。教学生学会放松，也不失为消除考试焦虑的一个好的方法。具体方法是：在紧张情境下，让学生舒适地坐好，放松全身的肌肉，做呼吸，让身体的放松带来情绪的放松。

第六节　网络成瘾的矫治

网络成瘾，又称网络成瘾综合症，临床上是指由于患者对互联网络过度依赖而导致的一种心理异常症状以及伴随的一种生理性不适。有台湾学者认为，网络成瘾是由于重复地使用网络而导致的一种慢性或周期性的着迷状态，并且带来难以抗拒的再度使用欲望，同时对上网带来的快感一直有生理及心理依赖。

也就是说，因为网络的许多特质带给使用者许多快感，同时又因很容易重复获得这些愉悦的体验，使用者便在享受这些快感时渐渐失去了时间感，一方面逐渐对网络产生依赖，另一方面导致沉迷和上瘾。

一、网络成瘾的表现

2005 年 11 月 22 日，由中国青少年网络协会主持的《中国青少年网瘾报告》显示，目前我国网瘾青少年约占青少年网民总数的13.12%，另有约 13% 青少年存在网瘾倾向。

网络成瘾已经成为众多学生问题中日益突出严重的问题，已经引起了社会各界的重视。网络本身是人们的工具，成人的心理已经趋于成熟，可以很好的自我控制。但是，处于青少年阶段的学生，心智还未成熟，长时间面对电脑，接触网络，使他们对网络产生依赖心理，且很难自我控制，严重者甚至需要到专业部门矫正治疗。

按照《网络成瘾诊断标准》，网络成瘾分为网络游戏成瘾、网络色情成瘾、网络关系成瘾、网络信息成瘾、网络交易成瘾 5 类，标准明确了网络成瘾的诊断。

（一）对网络的使用有强烈的渴求或冲动感。

（二）减少或停止上网时会出现周身不适、烦躁、易激怒、注意力不集中、睡眠障碍等戒断反应；上述戒断反应可通过使用其他类似的电子媒介，如电视、掌上游戏机等来缓解。

（三）下述 5 条内至少符合 1 条：

为达到满足感而不断增加使用网络的时间和投入的程度；

使用网络的开始、结束及持续时间难以控制，经多次努力后均未成功；

固执使用网络而不顾其明显的危害性后果，即使知道网络使用的危害仍难以停止；

因使用网络而减少或放弃了其他的兴趣、娱乐或社交活动；

将使用网络作为一种逃避问题或缓解不良情绪的途径。

网络成瘾的病程标准为平均每日连续上网达到或超过 6 个小时，且符合症状标准已达到或超过 3 个月。

二、网络成瘾的产生原因

学生网络成瘾一般分为内部原因和外部原因。

（一）内部原因

学生处于青少年时期，心理发育还不成熟、不稳定，很容易受外界环境的影响。如果他们在现实生活中与父母、朋友、同学的交流产生障碍，就很容易形成自我封闭的心理。转而在虚拟的网络上寻求安慰和理解，满足自己的自尊和需要。

有一些青少年追求玩乐，缺乏自我控制能力，学习上又难以取得较好成绩，而在虚拟的网络世界中，学生可以寻求安慰，特别是通过网络游戏，玩游戏的成功使他们得到快感与成就感，也可以得到暂时的心理平衡。

另外，现有研究发现，人格特质因素是青少年网络成瘾问题的内在心理根源。那些敏感、忧郁、脆弱、多疑、焦虑、情绪不稳定、意志薄弱、自制力差、性格孤僻、认知能力差、缺乏自信、悲观、逃避现实、自卑、成就感低的青少年如果上网，容易导致网络成瘾。

（二）外部原因

1. 成长环境

学生网络成瘾和所处的家庭环境与学校教育环境有很大的关系，一些家长过于溺爱孩子，事事过问，让这些处于叛逆期的学生没有一点自己的空间，刺激他们通过网络摆脱心理束缚。

另外一些家长只顾自己的事业，很少和孩子沟通，如果孩子转向通过网络寻求安慰并沉迷其中，网友可能变得比现实生活中的亲人、朋友更重要。

还有一些家庭关系不和睦的家庭，或者是单亲家庭，孩子可能会有一定的心理和性格上的缺陷，这些高焦虑、低自尊、忧郁、自我概念不明确的青少年也比较容易网络成瘾。

从现代学校教育来说，繁重的学习和考试压力、枯燥的学习生活让学生承受着巨大的压力，他们通过上网可以释放内心的焦虑，缓解压力，但这样也逐渐造成了他们对网络的依赖。

2. 网络环境

网络的高科技性、丰富性、开放性、广泛性、互动性、间接性、平等性等特点，给青少年学生日常的学习和生活带来很多便利。这是现实社会难以提供的，又是青少年所需要的。正是由于这些特点，对青少年构成了难以抗拒的吸引力，使他们沉溺这一虚拟现实难以自拔。

三、网络成瘾的危害

网络成瘾对学生的危害极大，主要体现在以下几方面：

（一）危害身心健康

网络成瘾者因为对互联网产生过度依赖而花费大量时间上网。学生正处于身体发育的关键阶段，沉迷于网络世界，长时间连续上网，新陈代谢、正常生物钟遭到了严重的破坏，身体容易变得非常虚弱。

还有研究表明，学生长期沉溺于网络中，不仅会影响头脑发育，还会导致神经紊乱、激素水平失衡、免疫功能下降，引发紧张性头疼，甚至导致死亡。同时，不良的上网环境也会损害学生的身体健康，而网吧大多环境恶劣、空气浑浊、声音嘈杂，学生在这种环境的网吧内上网，也容易被传染上疾病。

网络成瘾对学生健全心理的发展也是一个严峻的挑战。长期上网会引发学生"网络孤独症"和"忧郁症"等心理疾病，过分关注人机对话，对外界刺激缺乏相应的情感反应，对亲友冷淡，对周围事物失去兴趣，严重时对一切都漠不关心，把与别人的交往当成一种可有可无的事情，变得越来越孤僻，造成学生个性的缺陷。

网络成瘾者一旦停止上网便会产生上网的强烈渴望，难以控制对上网的需要或冲动，这种冲动使其在从事别的活动，工作、学习时注意力不集中，造成学生心理的错位和行动失调；"网恋"和网络聊天会引发学生的感情纠葛，导致各种情感问题，造成学生心理的创伤；网络成瘾者过度沉溺于网络中的虚拟角色，容易迷失自我，将网络上的规则带到现实生活中，造成学生自我认识的障碍。

（二）影响学习成绩

学生沉溺于互联网带来了大量教育上的问题，染上网瘾的学生，大量时间都用来上网，占用了学习的时间，导致的直接的后果就是学习成绩的下降。

国外有研究表明，长期上网，沉湎于网络游戏的孩子，其智力会受到很大的影响，甚至导致智商下降到正常孩子的标准水平线以下，这也会间接的影响孩子的学习成绩。在网上也有一些商家为了赚钱，建立一些帮写论文，写作业盈利的网站，一些缺乏自律的学生便从网上购买作业、论文敷衍老师，学习认真态度就会大大下降。

网络成瘾者沉迷于网络虚拟世界，对现实生活失去兴趣，对枯燥的学习更是失去兴趣，会出现厌学、逃学、辍学的情况，学习成绩一落千丈。

（三）交际能力缺失

首先，网络成瘾者大多性格孤僻冷漠，容易与现实生活产生隔阂，导致自我更加封闭，进而不断地走向个人孤独世界，从而拒绝与人交往。同时，网络成瘾者沉溺于虚拟完美的网络世界之中，沉醉于一种虚拟的满足，他们从网络游戏中得到了个人成就感的满足，他们从网恋中得到了个人归属感的满足，他们可以在网络世界充分张扬自己的个性，在虚拟的网络世界里，他们已经拥有了一切。而在现实世界中，一切都不是那么完美，因此他们认为现实生活中的人际的交往是一种可有可无的事情，从而不愿意与人交往，拒绝与人交往，拒绝融入社会，是网络带给网络成瘾学生的一大问题。

其次，沉溺于网络世界中，还造成了学生与他人交往频率的减少，迷恋人机对话模式，对着电脑屏幕行文如水、滔滔不绝，丢掉键盘鼠标就变得沉默寡言，在现实生活中语言表达能力出现障碍，只有到了电脑前，手按着键盘，才能表达自己的想法，从而更难与别人更好地交流。

有些学生还因网络成瘾而恐惧社交，表现为怕与人见面、谈话，见人就紧张，面红耳赤，颤抖，因之常独居屋内避不见人。调查表明，56.3%的网络成瘾者人际关系较差。相比之下，46%的非成瘾者能将自己与同学、亲友的关系相处得很好。

（四）影响人生观、价值观的形成

网络的一大特性就是其开放性。不同的意识形态与价值观念的信息在网络大行其道，网络内容丰富复杂，却良莠不齐。在网络上有形形色色丰富多彩的信息，其中黄色信息、暴力信息混杂其中。并且有些网站宣扬消极、颓废，甚至违法、犯罪的思想。学生的鉴别力和判断力水平较弱，容易受其影响，学生在互联网上接触的消极思想会使他们的价值观产生倾斜，在潜移默化中影响学生正确的人生观和价值观的形成。

四、网络成瘾的辅导矫正

辅导教师可以采取以下一些方法，帮助学生摆脱网络成瘾。

（一）加强青春期教育

青少年正处于成长发育时期，对性知识很好奇。教师和家长如果管束过严，又不给予正确的疏导，就会产生"禁果效应"：越是阻止青少年对性的了解，就越提高他们对性的兴趣。学生没有正当的了解渠道，就会在网络中自己寻找答案，甚至沉湎于黄色网站或色情聊天室不能自拔。辅导教师可向学生讲授青春期性知识，举办相关的健康讲座，让学生借阅有相关知识的书籍。

（二）满足学生合理的愿望和心理需求

网络游戏不仅画面精美、内容丰富，而且巧妙地运用了斯金纳的强化理论和马斯洛的自我实现理论。在游戏中，经常会有各种小的奖励和赞美，可以使学生很容易地获得自信和自尊，成为网络世界中的英雄。教师要想使学生摆脱网络回到现实中来，也要在生活中注意利用这两个心理学原理。比如和学生建立契约，如果学生如期减少了上网次数，辅导教师给予及时的表扬。

（三）帮助学生正确使用网络

现在是信息时代，百度、Google 等搜索引擎服务商为大众提供了前所未有的信息资源。只要键入关键字，便会有成千上万的相关信息展现在眼前。如何甄别健康的网络信息是学生应该掌握的技能，辅导教师可开展传授网络技能的课程，并通过此过程灌输正确的人生观与价值观。